子ども虐待事例から学ぶ
統合的アプローチ

ホロニカル・アプローチによる心理社会的支援

千賀則史＋定森恭司

明石書店

本書刊行にあたって

　定森が自分の考えを文章にして千賀に伝える作業によって、定森自身が自分の考えを明確化する。そして今度は千賀が、定森の文章を千賀なりに読み解き理解したものを文章化して、定森に照らし返してくる。すると定森の論理や観点の独我論的要素やジャルゴン的側面がそぎ落とされ、定森だけが書き手だったとき以上に、読み手にわかりやすいものに見事に翻訳され、どんどん文章がブラッシュアップされてくる。このような「循環的共創作業」とも名づけることのできる自発自展的作業の中から本書が書き上がった。

　実は、定森と千賀の間には、30歳近くの年齢差がある。しかし振り返ってみれば、この年齢差がとても重要だったと思われる。というのは、定森が30年以上前にオリジナルの「ホロニカル」という概念を口にしだした頃は、ごく周辺のわずかな仲間内でしか関心を引くことはなかった。心理学関係の学術団体関係者の知り合いの方々にあっては、定森の心理臨床の実践に対しては援助をいただけたものの、ホロニカル論の研究に対しては、定森の努力不足もあり、ごく一部の方を除き関心をもっていただけなかったのである。しかしそれでも、内的世界と外的世界を共に扱う心理社会的支援法としてのホロニカル・アプローチや、その実践からごく自然に形作られてきたホロニカル心理学は、実践の場では、確かな手応えがあり続けることには変わりはなかった。

　そうした中で、ここ数年来、千賀をはじめ新しい心理学を希求する人たちとの出あいは、ある意味で新鮮だった。ホロニカル・アプローチは、先達の既存の理論や技法に優れる権威者よりも、多層多次元にわたる重複的問題を抱える当事者や被支援者の支援に日々悪戦苦闘している人たちにこそ伝わるものがあ

ると、改めて気づき始めたからである。

　この本には、長年にわたる児童福祉分野や学校心理臨床分野、そして開業で
の心理相談など実践現場と学術的研究の乖離を埋め、かつ両者をつなぐための
心理療法を含む心理社会的支援における智慧を、できるだけわかりやすく書き
留めたつもりである。そして、こうした生きるための智慧を授けてくれたのは、
いつも一切合切の矛盾を自らの人生に映しとって苦悩する当事者の方々と共に、
"こころ"に習い、"こころ"に学んだ体験にあったように思う。

　本書の実践の智慧が、生きづらさを抱えた人たちにとって、少しでもより生
きやすい道を発見・創造する一助になれば幸いである。

定森恭司

まえがき

本書の背景

　近年、日本では子ども虐待が急速に社会問題化しており、虐待から子どもを守り、地域で家族を支えていくことが喫緊の課題となっている。子ども虐待の本質とは、その時代における社会のあらゆる矛盾が凝縮して生じるものと考えることができる。個人の問題をはるかに超えたものであり、加害者／被害者が共に生きている場所に、混沌や分裂による対立のすべてが映し出されているといえる。このとき、子ども虐待とは、暴力、体罰、暴言、威圧、否定など、権力をパワーとして行使し、人を支配する権威主義が子育て問題に映し出されて生じたテーマであると理解することができるだろう。こうした権威主義の悪影響は、多層多次元にわたる悪循環パターンとして私たちに刻み込まれており、その支援においては、各層・各次元に対して統合的にアプローチすることが必要となる。

　子ども虐待の最前線は、非常に苛酷な現場であり、支援者自身が子ども虐待の本質を十分に理解していなければ、子ども・保護者・関係者のパワーゲームに巻き込まれて、傷つき、疲弊して、燃え尽きてしまう。これは単に支援者の増員や専門性の議論をする以前の問題であり、現場で臨機応変な対応ができるような理論的・実践的な訓練が人材養成の最大のテーマだといえる。しかし、子ども虐待対応で培われたものではない既存の理論と技法では、人材養成がうまく機能しないという課題に直面している。

本書の目的

　子ども虐待のような複雑で多層多次元にわたる問題を扱う現場では、既存の

一理論、一技法、自分の専門領域を超えた統合的な理論の枠組みが求められている。そこで本書では、内的世界と外的世界を共に扱う統合的アプローチとして、ホロニカル・アプローチを取り上げ、子ども虐待事例を通して、そのエッセンスをわかりやすく説明することを目的とする。

執筆者の紹介

本書は、千賀則史と定森恭司が議論を重ねながら共創的研究姿勢によって執筆したものである。千賀は、児童相談所の児童心理司、児童福祉司、一時保護所職員、児童自立支援施設での勤務経験があり、さまざまな立場から子ども虐待事例への心理社会的支援を実践してきた。その後、大学のハラスメント相談に従事し、現在は大学教員として、公認心理師・臨床心理士養成に携わるとともに、児童相談所、児童養護施設、民間団体などでスーパービジョンを行っている。また、中学校のスクールカウンセラー、高校野球のメンタルトレーナーとしても活動している。「対人援助職のための『統合的アプローチ研究会』」（Association of Integrated Approach：AIA）の代表を務める。

定森は、児童相談所など福祉現場で、不登校、非行、家庭内暴力、虐待、心身障害など、さまざまな悩みを抱えた子どもや家族への相談・支援を、学校・行政機関・地域関係者と連携して実施してきた。その後、心理相談室こころを開業し、統合的アプローチの立場から幅広い心理相談に応じるとともに、専門家に対するスーパービジョンや教育的自己分析を行っている。内的世界と外的世界を共に扱う統合的アプローチであるホロニカル・アプローチの最初の提唱者である。

ホロニカル・アプローチの関連書籍

ホロニカル・アプローチに関する書籍としては、定森恭司（2015）の『ホロニカル・セラピー —— 内的世界と外的世界を共に扱う統合的アプローチ』（遠見書房）と、定森恭司・定森露子（2019）の『ホロニカル・アプローチ —— 統合的アプローチによる心理・社会的支援』（遠見書房）がある。また、心理相談室こころのホームページでも、ホロニカル・アプローチに関連する情報を得る

ことができる。しかし、いずれもホロニカル・アプローチにはじめて触れる人には難解な表現が多く、理解が難しいという声を聞く。

　そこで本書は、ホロニカル・アプローチのエッセンスを学ぶことができる入門書として、わかりやすさを重視し、子ども虐待の創作事例を使って、ホロニカル・アプローチの理論と技法をなるべく平易な表現で紹介する。また、ホロニカル・アプローチに関する説明については、引用元を明記するので、より厳密に詳しく学びたい方は、それらの文献もぜひ参考にしていただきたい。

本書の構成

　本書は、理論編と実践編の2部構成とする。第Ⅰ部の理論編では、ホロニカル・アプローチの理論的背景、基本姿勢、見立てなどについて説明する。第Ⅱ部の実践編では、ホロニカル・アプローチによる子ども虐待事例に対する危機介入、家庭訪問支援、施設での生活臨床、家族再統合支援、スーパービジョンについて紹介する。

　理論的な説明になると、どうしても抽象的な文章表現になり、具体的なイメージをすることが難しくなってしまう。そのため、本書では、具体的なエピソードなどを多く取り入れるようにした。ホロニカル・アプローチでは、「部分の中に全体が含まれる」と捉えるが、ある出来事のある場面という部分には、多くの大切なことが含まれていると考えられる。

　そもそも統合的アプローチ自体は子ども虐待への支援に特化したものではなく、その適用範囲は非常に広い。しかし、「部分と全体の縁起的包摂関係」という意味では、そのエッセンスのすべては子ども虐待への支援という部分から十分に感じることができると思われる。あえてテーマを絞り、現場で起きているエピソードに焦点を当てることで、ホロニカル・アプローチの本質をシンプルに伝えていきたい。

　本書で伝えることができるのは、長期にわたる支援プロセスの中での、ほんの瞬間的な出来事に過ぎないかもしれない。しかし、その瞬間にこそ支援の本質が含まれていると考えられるため、一つの事例のある瞬間を丁寧に扱うことにこだわっていきたい。

本書の対象読者

　本書は、専門性、資格の有無、学問の立場の違いなどを超えて、"こころ"の支援に関心がある方に向けて書いたものである。ホロニカル・アプローチの考え方は、特定の個人や家族を対象とする面接室内での支援だけではなく、人が生活する場である家庭、学校、地域などにおける支援など、幅広い領域で応用できる考え方である。そのため、児童相談所や児童福祉施設などの現場で子ども虐待対応を行う支援者はもちろん、さまざまな職種、立場の人に広く読んでいただきたい。

　本書に込められた実践の叡智が対人援助の現場で生かされ、子ども虐待をはじめとする、さまざまな生きづらさを抱えた人が少しでも生きやすくなる社会の実現に貢献できれば幸甚である。

千賀則史

子ども虐待事例から学ぶ統合的アプローチ

ホロニカル・アプローチによる心理社会的支援

● 目次 ●

ホロニカル・アプローチの基本用語

※詳しくは、本書の第Ⅰ部及び資料編にて説明する。

IT（それ）　「名づけられないもの」を名づける矛盾を承知の上で「IT（それ）」と名づけられたもの。ホロニカル論的な絶対矛盾的自己同一の論理。極限の無限の点から極限の無限の球に至る世界を統合的に全総覧する働き。自己を通して実感・自覚される。

内我と外我　ホロニカル・アプローチでは、現実主体（我）を「内我」と「外我」に分ける。いずれも自己と世界の出あいの不一致のときに立ち顕れてくる自己意識のこと。「内我」は、自己と世界の不一致・一致の直接体験を何らの判断をすることなく経験のまま直覚しようとするのに対して、「外我」は、自己や世界を観察対象として、さまざまなものに識別したり、区別したりしようとする。

観察主体と観察対象　観察するものとされるもののこと。ホロニカル・アプローチでは、"こころ"を観察しようとする人が、"こころ"の現象の何に焦点化しようとするかなど、観察主体と観察対象の関係の差異によって、"こころ"の振る舞いが変化すると考える。

共同研究的協働関係　ホロニカル・アプローチの前提となる関係性。共に苦悩を抱え、共に苦悩に向き合って、より生きやすくなる道を共同研究的に協働しながら探求する関係性のこと。

現実主体（我）　自己と世界の出あいの不一致・一致の繰り返しの中で生起する意識作用の主体のこと。「私（我）」の意識のことである。

自己（場所的自己）　ホロニカル・アプローチにおける自己とは、物心一如的存在、心身一如的存在である。自己は、世界があってはじめて存在できるものであり、場所的存在（場所的自己）といえる。自己は、意識の中心的担い手である現実主体（我）、ホロニカル主体（理）、無意識や身体的自己を含む心的構造の基盤となり、世界との出あいによる不一致・一致の直接体験を通じて、世界と一致する方向に自己組織化しようとする。

自己組織化　生命現象や社会のように混沌状態から複雑な構造が自律的に形成されていくこと。

自由無礙の俯瞰　観察主体と観察対象の関係を含んで観察することを「俯瞰」と呼ぶ。

自由無礙の俯瞰とは、極小のミクロの無限の点の視座から、極大のマクロの無限の球まで含む視座まで自由に何にも囚われず対象を観察することを示す。

絶対矛盾的自己同一　日本の哲学者である西田幾多郎が提唱した概念。一見、対立して相容れないものが、見方を変えると同じものであるという意味。

多層多次元　多層性とは、意識の表層から無意識といわれる深層に向かって、層構造をもつことをいう。個人的無意識、家族的無意識、社会的文化的無意識、民族的無意識、人類的無意識、哺乳類的無意識、……量子的無意識などの層がある。多次元性とは、意識の主体と外的対象関係が多次元の心理的構造をもつことをいう。個人的次元、家族的次元、社会的文化的次元、民族的次元、人類的次元、地球的次元、……宇宙的次元などの次元がある。例えば、ある子どもは、個人的次元以外に、家族の一員としての次元、学校の一生徒としての次元、日本人としての次元などの次元性を有しながら存在している。ホロニカル・アプローチでは、"こころ"は、多層性及び多次元性を獲得しながら自己と世界を自己組織化させていくと考える。

直接体験　自己と世界の出あいのすべてのこと。何らかの知的判断を入れるのではなく、主体・客体の区分、主観・客観の区分の分岐する前の刹那の体験のこと。

場　物理的現象と心的現象など、一切合切が立ち顕れてくるところ。観察主体と観察対象という関係となって、あらゆるものが交錯し関係しながら現出してくるフィールド。究極的な場は、絶対無（空）と考えられる。

フラクタル構造　微小な部分と全体が自己相似的な構造をもっていること。

ホロニカル関係　「部分と全体の縁起的包摂関係」を意味する。「部分」は「全体」に包み込まれるとともに、「部分」もまた「全体」を包み込もうとする相互包摂的関係のこと。自己（部分）と世界（全体）の関係もホロニカル関係にあり、そもそも"こころ"がホロニカル性をもつと考える。

ホロニカル主体（理）　自己超越的な「理」のこと。「理」だけではなく、「情」的側面をもつ。自然や社会・文化的なものの中に含まれており、現実主体（我）の中に内在化されている。自己の発達段階や心的構造段階によって、①混沌、②原初なるホロニカル主体、③幻想的ホロニカル主体、④既知のホロニカル主体、⑤創発的ホロニカル主体、⑥IT（それ）と変容していく。

ホロニカル・スタディ法　事例発表者が困ったり戸惑ったりしたある出来事について、参加者全員が「自分だったらどのように対応するか」という観点から事例を検討する方法のこと。

ホロニカル体験　忘我して、自己と世界が無境界となって、すべての現象を相互包摂的関係のうちに、あるがままに一如的かつ共時的に体験すること。

13

ホロニカル・アプローチの実践的意義

ホロニカル・アプローチとの出あい

「大学で学んだ心理学の理論が通用しない」

　これが大学卒業後、児童相談所の現場で児童心理司として働き始めたときに千賀が痛感したことである。児童相談所では、養護相談、障害相談、育成相談、非行相談など、子どもの問題に関するあらゆる相談に応じることが求められるが、児童虐待の防止等に関する法律（児童虐待防止法）が成立して以来、その業務の中心は、子ども虐待対応であった。

　子ども虐待などの困難事例に直面する中で、心理職としての専門性を高めていく必要性を感じ、認知行動療法、精神分析、来談者中心療法、プレイセラピー、箱庭療法などを学んだ。その後、人事異動で児童福祉司を経験し、ソーシャルワーク、システムズ・アプローチ、解決志向アプローチ、コミュニティ・アプローチなども学んでいった。しかし、いずれの理論や技法も、ある事例に有効であったとしても、他の事例にそのまま適用することができず、自分の拠り所にはなりえなかった。

　心理社会的支援が扱う対象は、行動、認知・思考、情動・感情、体験過程、イメージ、夢、トラウマ、対人関係、家族、コミュニティ、高次の精神性など多岐にわたる。それぞれの支援方法は、その得意とする対象領域を扱っている限りは有効だが、その領域を外れてしまった途端に効力を失ってしまう。正確な見立てに基づき適切な支援方法を選択できればよいが、実際の現場では、そのような支援ができるのは稀である。見立てとは、静的なものではなく動的なものである。すなわち、1回の面接で判断できるものではなく、支援を重ねる中でケース理解を深め、適宜、アップデートしていくものである。支援の初期

段階では、限られた情報から仮説を立てて支援を開始するが、支援が行き詰まったときには、当初の見立てを修正することが求められる。そこで、見立ての変更に伴い、支援方法まで大きく変わってしまったら、被支援者は激しく戸惑い、ボタンの掛け違いのように支援がかみ合わなくなってしまうだろう。

　また、複雑な要因が背景にある子ども虐待への支援では、多機関多職種連携に基づく多面的なアプローチを展開していくことが必要である。しかし、これについても決して簡単なことではない。それぞれの立場によって"こころ"の捉え方が千差万別であり、仮に異なる見立てに基づいて異なる支援が同時に行われれば、大きな混乱が生じ、支援者も被支援者も心的な危機的状況に陥ってしまうからである。

　さらには、さまざまな理論を学ぶことは重要なことであるが、異なる心理療法の学派や、異なる職種の専門性を自らの実践に取り入れていく過程で、千賀は理論的な矛盾に直面し、専門家としてのアイデンティティの危機ともいえる激しい葛藤に苦しむことにもなった。

　こうした中で、複雑な背景をもつ子ども虐待への支援のためには、異なる理論や技法を統合的に理解する"こころ"の原論ともいえる新しいパラダイムが必要だと感じていた。そこで千賀が出あったのが、定森の提唱するホロニカル・アプローチであった。既存の理論や技法に限界を感じ、子ども虐待への有効な支援方法を模索する中で、ついに探し求めていたものを見つけることができたと思った。

観察主体と観察対象の組み合わせの差異

　ホロニカル・アプローチは、既存の一理論、一技法を超えた統合的アプローチであり、あらゆる理論や技法は、"こころ"という複雑な現象をめぐる観察主体と観察対象の組み合わせの差異として、体系的・統合的に見直すことができるのではないかという新しいパラダイムを提案している。「観察主体と観察対象」という言葉は多くの人にとって聞き慣れない表現であり、理解することが難しいと思われるが、ホロニカル・アプローチでは欠かすことのできない重要概念であるため、説明を加える。

　近代科学は客観性を重視するために、観察者の行為が観察対象の振る舞い
に影響を与えないように、主観の影響を徹底的に排除するような観察に細心
の注意を払い続けた。しかし、量子力学に貢献したハイゼンベルクの不確定
性の原理は、そもそも観察行為自体が、観察対象の振る舞いに影響を与えて
しまうため、ある素粒子の位置と運動量を正確に同時に測定することはでき
ないことを明らかにした。すなわち、いわゆる自然科学領域において、観察
行為の客観性と観察結果の厳密性が不確かであることが示されたのである。

　当然のことながら、物理学の理論を心理社会的支援というまったく異なる
領域に当てはめることには慎重になるべきである。しかし、実際のところ、
心理社会的支援における観察行為と観察結果のテーマは、物理学と比較にな
らないほど不確定なものであるといえる。心理社会的支援においては、何か
を観察しようとする行為そのものが、必ず観察者自身の"こころ"の働きに
影響し、観察者自身の"こころ"の働きが、観察対象である自己自身や他者・
世界の現象の観察結果に影響を与えることを避けることはできない。ある同
じ心理社会的問題を目の前にしても、それぞれの支援者の「観察主体」と「観
察対象」の組み合わせが異なると、問題への捉え方や対応策、導き出される
結果まで異なってくる。

　このとき「観察主体」とは、思考の識別基準の枠組み（後述するホロニカル主
体：理）を包摂し、ある出来事を識別・認識・分析・洞察・内省しようとする
観察行為者の意識の中心を意味する。それに対して、「観察対象」とは、観察
主体によって選択され焦点化された対象を意味する。この両者の組み合わせ
の違いが、観察結果に大きな差異をもたらすことになるのである。

　例えば、認知行動療法は、できるだけ客観的に記述可能な行動・認知の変
容を重視するセラピスト（支援者の観察主体）がクライエントの行動や認知を観
察対象とする理論と技法として理解することができる。精神分析は、過去の
親との関係などの経験と記憶から形成された表象などの内的対象関係と、支
援者−被支援者間の転移・逆転移関係を重視するセラピスト（支援者の観察主
体）が、クライエントの深層に抑圧された無意識的な動機、欲動、葛藤、不安、
罪悪感などを観察対象とする理論と技法であるといえる。このように同じ心

理療法とされるものであっても、認知行動療法と精神分析は、異なる観察主体から異なる対象を観察対象とするものであり、そこから導き出される結果も当然のこととして異なってくるのである。

　心理社会的支援の方法は多岐にわたり、心理療法だけでも400近くあるといわれている。観察主体と観察対象の組み合わせの差異をめぐって、百家争鳴状態にある既存の理論や技法を統合的に扱うことを可能とするパラダイムがないと、現場はさらに錯綜することが危惧される。

　ホロニカル・アプローチでは、「一瞬・一瞬の出来事に対して、観察主体と観察対象の関係性の差異がいかなる現象を生むかを俯瞰する」という新しいパラダイムがあれば、既存の理論や技法の差異に混乱することなく、それらをより統合的に扱うことができると考える。こうした統合的アプローチの立場から子ども虐待への支援のあり方を見直すことで、支援者はさまざまな支援方法を有機的に結びつけて理解することができるようになる。その結果、既存の理論を大切にしつつも、それらを統合的に活用することが可能となり、教科書通りの対応では通用しない複雑な事例に対しても柔軟に対応できるようになる。

縁起的包摂関係という観点

　ホロニカル・アプローチの中核になるのは、「部分と全体の縁起的包摂関係」という観点であり、心的問題について、「ある心的問題を部分とすると、そこには被支援者の内的・外的世界をめぐるすべての問題が織り込まれている」と考える。ある心的問題を、全体の要素還元的な単なる部分の問題として扱うのではなく、ある部分の変容は全体の変容に関係し、全体の変容はある部分の変容に深く関係すると捉える。

　子ども虐待とは、内的世界から外的世界に至るさまざまな要因が複雑に絡み合って生じるものである。さらには、それを支援する体制にもさまざまな課題を抱えている。しかし、ホロニカル・アプローチの立場からいえば、子ども虐待への支援においては、さまざまな問題のすべてを解決しなければならないわけではない。多層多次元にわたる複雑な問題を抱えるケースであっても、部分と全体の自己相似的な構造（フラクタル構造）をもっていることが多いため、あ

る部分における小さな意味のある変化が、加速度的な変容の契機となる場合も
ある。すべての現象は縁起的に絡み合っているため、ある部分の変化が全体へ
と影響し、新しい展開が生まれることは決して珍しいことではない。こうした
ホロニカル・アプローチの考え方があることで、精神疾患や発達障害などに加
えて、環境面の課題など、複雑な問題が絡み合っている子ども虐待の困難ケー
スであっても支援可能となる。

共生的社会の共創

　子ども虐待は、虐待を行った保護者から子どもを保護するだけでは根本的な
解決にはならない。地域でのつながりが希薄化し、社会的に孤立し、生活困難
に陥ることが子ども虐待事例に共通する構造であるならば、虐待という危機に
直面している家族を問題視し、社会から排除するのではなく、コミュニティの
一員として包み込み、支え合うことが支援の本質だと思われる。まさに子ども
虐待は社会全体で解決すべき課題だといえる。

　しかし残念ながら、子ども虐待問題は、一部の特殊な保護者の問題として、
一般的な日常生活の問題から切り離されてしまっているのが実情であろう。近
所に心配な家庭があったとき、「私に何かできることはないでしょうか」と声
をかけるのではなく、児童相談所や警察に通告する人や、子ども虐待を自分事
ではなく他人事として捉える人の方が多い。この一般社会こそが、子ども虐待
問題に対して最大のネグレクトを行っているといえるのではないだろうか。

　虐待された子どもが生きる場所は、家庭や地域社会に開かれた楽しくあたた
かい家庭的な文化と雰囲気をもった場所でなくてはならない。子ども虐待問題
の出口はそこにしかないことは、いつの時代でも明らかである。しかし、地域
社会での人と人とのつながりが薄れてきている現実を鑑みれば、子ども虐待に
携わる支援者には、新しい社会的絆を創成することが求められているといえる。
それは誰かが権威的なリーダーとなってマネジメントする方法では実現できな
い。子どもと家族を中心に据えて、自発自展的に共生的社会を共創していく民
主的・人道的な対話こそが鍵となる。

　現状では、保護者の立場から見れば、「ついに我が家に来てしまった福祉警

察的な児童相談所」「子どもをさらっていく児童相談所」「虐待という名の親失格の烙印を押していく児童相談所」であろう。子ども虐待対応の現場には課題が山積しており、現行のシステムを 180 度転換させるくらいの努力が求められる。しかし、子どもたちは私たちの未来であり、どれほど大変なことであったとしても、子どもたちのために私たちが最大限できることを本気で考えていかなければならない。このような状況において、共同研究的協働関係の構築を重視するホロニカル・アプローチの考え方は、ますます重要になってくると思われる。ホロニカル・アプローチでは、「苦悩は創造の契機」と考えるが、子ども虐待問題をきっかけとして、より生きやすい社会や生き方を発見・創造していくことは可能だと思われる。

ホロニカル・アプローチの目指すところ

　実践の現場では、複雑で多層多次元にわたる子ども虐待問題を前にして、「社会が悪い」「政治が悪い」「親が悪い」「子どもが悪い」「支援者が悪い」などと因果論的な原因探しをしているところほど、支援はうまくいっていないという現実がある。しかし、筆者らが「縁起的包摂関係」と「共生的社会の共創」を重視するホロニカル・アプローチの立場から、新しい事例の見立て方や、具体的支援法と具体的技術を伝達していくと、適切な変容が起きることが少なくない。

　このような手応えを言語化するならば、「被害者とされる子ども・加害者とされる保護者・そうした事例に携わる支援者が、しぶしぶの相談関係からお互いの苦悩を映し合うことができる関係を構築する中で、より生きやすい生き方を共同研究的に協働しながら発見・創造することが可能になったとき、自発自展的に好転し始める」ということである。「加害者－被害者」「専門家－非専門家」という枠組みや役割に縛られるのではなく、人と人とが苦悩を共有し、少しでもよりよき新たな人生の創造・発見を目指して協働する「新たな社会的絆の創成」（共生的社会の共創）こそが大切だと思われる。

　子ども虐待という問題を契機として、より生きやすい社会や新しい生き方まで、発見・創造していくことがホロニカル・アプローチの目指すところである。

このようなホロニカル・アプローチの考え方が少しでも多くの人に浸透していくことで、虐待を受けた子どもだけではなく、誰にとっても生きやすい社会の実現に近づいていく可能性を秘めている。

本書における用語の表記について

本書においては、生きづらさを抱えた人を前にして「相談を受ける立場にある人」や「支援する立場にある人」のことを、広く社会一般で使われている「支援者」と称する。生きづらさを抱えた人のことを「当事者」と表記し、生きづらさを抱えた当事者がカウンセリングという文脈で登場した場合には「クライエント」と表記する。また、ホロニカル・アプローチでは、関係者を支援対象とする場合もあるため、基本的には、当事者・クライエント・関係者を含むすべての対象者を「被支援者」と表記する。

ホロニカル・アプローチには、被支援者－支援者関係を超えていくというテーマがあるため、「支援者」や「被支援者」という表現にも抵抗があるのが正直なところである。しかし本書においては、読みやすさを優先したいため、とりあえずは文脈に応じて「支援者」「被支援者」、「カウンセラー」「クライエント」などと表記することにした。

他にも、筆者らは、漢字の"心"と平仮名の"こころ"を区別して表記するなど、用語の使用方法にはさまざまなこだわりをもっている。ホロニカル・アプローチでは、「ある一部分にすべてが含まれる」と考えるが、こうした些細な表現にも筆者らの思いが込められている。少し読み慣れない表現もあるかもしれないが、ご理解いただけると幸いである。ちなみに、"こころ"という表記の理由については、コラム4で触れているので参照されたい。

ホロニカル・アプローチの活用範囲

子ども虐待への支援の担い手は、児童相談所、児童福祉施設、学校、幼稚園、保育所、医療機関、市区町村、保健所、社会福祉協議会、民生・児童委員、家庭裁判所、警察、民間団体など、多岐にわたる。そこには、臨床心理士、公認心理師、医師、看護師、保健師、理学療法士、作業療法士、言語聴覚士、ケア

マネージャー、社会福祉士、精神保健福祉士、児童福祉司、児童心理司、児童指導員、保育士、教師、養護教諭、弁護士など、さまざまな職種が働いている。

　ホロニカル・アプローチは、心理学の立場から生まれたものであるが、内的世界と外的世界を共に扱うという特徴をもっており、心理療法やカウンセリングだけに限定されるものではなく、ソーシャルワーク的な要素も含むものである。そのため、心理的支援と社会的支援を統合した「心理社会的支援」と呼んでいる。同様に、複数の心理療法を統合したものを「統合的心理療法」と呼ぶが、ホロニカル・アプローチは、心理療法という枠組みを超えた幅広い支援方法であるため、「統合的アプローチ」と呼んでいる。

　こうした背景をもつホロニカル・アプローチは、特定の職種だけが使用するものではなく、対人援助の立場にある人であれば、誰でも活用することができる。また、ホロニカル・アプローチによる心理社会的支援を行わない場合でも、ある技法だけを部分的に実施することは可能である。特定の専門領域を超えた統合的アプローチであり、多機関多職種連携が必須である子ども虐待への支援においては、それぞれの専門性が統合的に活用されるようになるためにも、ホロニカル・アプローチの理論と技法は役に立つと考えられる。

☞ **補足説明** •••

　ホロニカル・アプローチは、現場実践の中から創出されたものであり、最初は「名もなき理論」であった。定森が「ホロニカル」と個人的な研究日誌に命名したのが1990年であり、その後、「ホロニカル・セラピー」という名称で研究会や心理学関係学会で発表されてきた。しかし、医学モデルに基づく「治療」とは異なる立場を明確化するために「セラピー」という表現を改め、「ホロニカル・アプローチ」と名称変更した。また、そこには心理職に限らず、広く心理社会的支援に携わる対人援助職に役立つ理論と技法でありたいという願いも込められている。

•••

第Ⅰ部　理論編

第1章

ホロニカル・アプローチとは何か

　ここでは、ホロニカル・アプローチを理解してもらうために、観察主体と観察対象の組み合わせが異なるとどのようなことが起きるのかを、事例を通して学ぶ。なお、事例の中では、支援者側の言葉を〈　〉で記している。

❶ 事例1 —— ある不登校という現象の捉え方をめぐって[1]

　ある中学生男子は、5月の連休明けから急に学校に来なくなった。もともとの彼はクラスや部活のリーダー的な存在で、他の生徒が嫌がることでも嫌な顔一つせずにする、優等生タイプの生徒であった。そのため、ベテラン教師の担任は、〈今回の不登校は連休中に家庭で何かあったからではないだろうか〉と考えた。他方、新人のスクールカウンセラーは、担任の彼へのあまりに高い評価に違和感をもち、〈過剰適応なところがあり、大人の期待に応えるために無理をしていたのではないか〉と疑問を抱いた。

　夏休みが明けても不登校の状況は続き、担任らは本人と保護者から不登校の原因を聞きたいと思った。そこで彼が母親に付き添われて登校してきた日に、担任とカウンセラーは、簡単な面接を別々に実施することにした。

　まず担任は限られた時間で的確に原因を把握するために、家庭生活に焦点を当てた質問を繰り返した。その結果、父親から母親へのDVが疑われるエピソードが語られ、連休中には大きな夫婦喧嘩があったことが明らかになった。彼は以前から漠然としたストレスを感じていたが、連休後には、学校に行こうとすると頭痛がひどくなり、身体がだるくて何もできなくなったとの

ことであった。また、不登校中に言われた母親からの何気ない一言にひどく
傷ついたこと、学校に行かないことを父親から激しく叱責されて殴られたこ
ともあることがわかった。この面接により、担任は、不登校の原因について
「不適切な家庭環境」という見立てを確信し、面接後、虐待の疑いがある家
庭ということで、直ちに校長に面接結果を報告した。

　その一方で、カウンセラーも限られた面接時間を有効に使うために、学校
生活のことを中心とした何気ない聞き取りと、簡単な心理検査を実施した。
その結果、本人は学校生活全般において、自分の指示や提案を聞こうとせず、
自分勝手なことばかり言うクラスメイトや部員に困り果てており、特に教師
に期日までにみんなの意見をまとめるように言われたことについて、大きな
負担を感じていることが判明した。また、心理検査の結果からは、不満を大
人や友人に言うことができない「よい子」タイプであり、不登校は周囲の期
待する社会的役割をとることの限界感からきたものとの手がかりを得た。そ
の結果、カウンセラーは、不登校の原因について「学校生活の人間関係と先
生からの過剰期待」と見立て、本人との面接後に、付き添いで学校に来てい
た母親に自分なりの意見をそれとなく伝えた。

　このようにして、担任とカウンセラーは、同じ生徒の不登校の原因につい
て二つの異なる結論を導き出した。しかも、その見立てについてお互いに意
見交換せずに、それぞれが校長と母親という異なる第三者に伝達してしまっ
たことで、事態は最悪の展開を迎えることになった。その後に行われた校長
と母親との二者面談では、不登校のきっかけをめぐる両者の見解の相違から、
次第に激しい感情的対立に発展し、双方とも非難合戦になったのである。校
長は、不登校の原因が、あたかも学校の対応の悪さであるかのような態度の
母親への不信感を強め、逆に、母親は、あたかも虐待者だと言わんばかりの
校長の態度から、学校への拒否感を強めたのが要因であった。こうした状況
の中で、彼本人は登校意欲をますます失い、学校は虐待の事実を含む家庭環
境を確認することもできないまま、誰も家族としっかりと話し合う機会をも
つことができなくなった。また、この件を契機に学校とカウンセラーの関係
も相互不信が深まり、生徒への支援どころではなくなってしまった。

　これは架空の創作事例であるが、対人援助の現場では、観察主体と観察対象の違いをめぐって、こうしたことが起きる可能性は常にある。**事例１**においては、まず担任もカウンセラーも、日ごろ何気なく抱いていた考えが面接時の質問内容の方向づけに無自覚のうちに影響していた。さらには、あらかじめ方向が限定されていた質問によって得られた回答だけから、自分の仮説を裏付けるだけの判断を下してしまった。このように、家庭環境の問題を疑う担任の観察主体が生徒の家庭生活を観察対象とした場合と、生徒の学校での過剰適応の可能性を危惧するカウンセラーの観察主体が生徒の学校生活を観察対象とした場合とでは、ある不登校という現象の捉え方をめぐって、異なる結論を導き出すことになる。つまり、どの観察主体から、何を観察対象として、どのように観察するのかなど、観察主体と観察対象の組み合わせに差異が起きることによって、同じ不登校という現象であっても、さまざまな捉え方ができてしまうのである。

　では、担任とカウンセラーがまったくの見当はずれな見立てをしていたかというと、必ずしもそうではないだろう。それぞれの見立てにはそれなりの根拠があり、その意味では、どちらも間違っているわけではない。しかし、それぞれの見立ての違いは、具体的なアプローチの違いにもつながるため、どのように連携して支援するのかを話し合うことを抜きにして、異なる見立てに基づく異なるアプローチを同時進行させてしまえば、問題を一層こじらせてしまうことになる。そのため、ここで重要になるのは、それぞれの見立ての違いをいかに統合的に理解していくのかという点であるといえる。

❷ 統合的アプローチの必要性

ある部分に包摂される全体

　一つの問題には、さまざまな問題が複合的に包摂されている。例えば、不登校の背景には、いじめや虐待などの問題が潜んでいるかもしれないし、生徒の認知の特徴、保護者の養育態度、家族力動、学校の人間関係、医学的問題など、

複雑で多岐にわたる問題が含まれている。仮に生徒の真面目すぎる思考の特徴一つを取り上げたとしても、"こころ"の他の層や他の次元の問題が包摂されている。そこには、気質、性格、無意識、家族、学校、地域、文化などの影響といった多層多次元にわたる問題が含まれている。

　さまざまな要因が複雑に絡み合っている現象にもかかわらず、ただ一つの要素を取り出して、それを原因とみなすことは非常に危険である。もしそのような対応をすれば、同じ現象をめぐって、観察主体と観察対象の組み合わせの違いから、"こころ"の多層多次元のまったく異なるレベルの問題が立ち顕れることになる。最悪の場合、支援者間で支援方法をめぐって意見の対立が生じ、支援者も被支援者も危機的な状況に陥るだろう。

　一つの問題には、観察主体と観察対象をめぐって展開する複雑な問題が包摂されているため、多層多次元な顕れ方をする"こころ"を統合的に捉えることができる理論と技法が求められるといえる。

Episode

　ある小学生が不登校になった。病院に相談に行くと、医師からは発達障害をベースとした適応障害と診断された。また、カウンセラーから認知の歪みと社会性の問題を指摘され、認知行動療法と社会的スキル訓練（SST）が行われた。しかし、不登校の状況が改善しないため、別の病院に行ってみると、社交不安障害、起立性調整障害と診断され、カウンセラーからはプレイセラピーが行われた。当事者がいないところで事例検討会が開かれ、〈保護者の虐待が疑われる〉〈学校のいじめが原因〉〈子どものなまけだ〉〈今どきの子どもの社会性の問題〉など、異なる意見が飛び交った。

　実際の対人援助の現場では、一人の子どもをめぐってこれほど見解が食い違うことは決して珍しいことではない。人間はみんな自分の見たいものしか見ようとしないところがある。そのことに自覚的になり、自分の見立てに固執するのではなく、当事者を含めて、意見交流の機会を積極的にもつことで、事例への理解を深めていくプロセスが重要である。

子ども虐待への支援における統合的アプローチの必要性

　対人援助のどの領域であっても、よりよい支援をするためには、多機関多職種連携は必要不可欠である。特に、さまざまな要因が背景にある子ども虐待の支援においては、多機関多職種連携に基づく包括的な支援を展開していくことが求められる。しかし、異なる立場の者が集まれば、事例の見方の違いから意見の相違が生じ、当事者の混乱、関係者の感情的な対立によって事態が錯綜することは珍しいことではない。さまざまな異なる支援方法を結ぶ統合的な理論が存在するわけではなく、単独、並行、あるいは折衷的に子ども虐待への支援が実施されているのが実態であろう。

　既存の各理論や各技法は、"こころ"のある層、ある次元を限定的に対象にしている限り、それなりに有効な理論であり、対応法も適切であるといえる。しかし、どのような心理社会的支援に関する理論や技法も、それだけでもって万能なものはない。子ども虐待のように複雑な事例に対しては、単一の理論や技法だけでは通用しないため、多面的なアプローチが必須であるが、異なる見立てと異なる対応法が行われれば、当事者の混乱と不安を一層強めることになりかねない。

　したがって、子ども虐待対応の現場においては、既存の一理論、一技法、自分の専門領域を超えた統合的アプローチの理論化が求められているといえる。既存の理論や技法を大切にしつつも、それらを統合的に活用することを可能とする理論が構築できるならば、現場の混乱が減るばかりではなく、もっとも効果的で効率的な変容すら可能だと考えられる。

実践のポイント

　ホロニカル・アプローチでは、"こころ"に関するさまざまな理論と技法は、人が実際に生きている場を念頭に置きながら、観察主体と観察対象の関係をめぐる実感と自覚の差異にさえ注目すれば、統合的に理解することが可能だと考える。観察主体とは「自己の主体的な意識」であり、観察対象とは「自己と世界とが触れ合っているすべての体験」である。「すべての体験」の中には、外的な体験ばかりでなく、夢、空想、創造、イメー

ジなど内的な体験も含まれる。[2]

　ホロニカル・アプローチによる心理社会的支援では、多層多次元にわたってさまざまな顕れ方をする“こころ”の現象に対して、どのような観察主体から、どのようなものを観察対象とし、どのように観察しようとしているのかの関係性に焦点を当てることで統一的に理解することを試みる。

☞ **補足説明** ••

　心理社会的支援は、支援者と被支援者の相互作用という極めて人間的な作業を通して成立しているため、従来の自然科学のように研究対象を研究者自身から切り離して客観化し、一般的・普遍的な法則を得ることが難しい。しかし、これは何も心理社会的支援に限ったことではなく、同様の流れは自然科学の世界にもある。

　近代科学は17世紀に登場したデカルトが提唱したような、心と物質を区別する二元論的世界観に支えられてきた。二元論によって、科学者は観察対象を自身と分離したものとして扱うことが可能になった。古典物理学の基礎を築いたニュートンも、観察者と観察対象を区分した研究法によって、世界が力学的因果論で結びついていることを明らかにした。心理学の世界においても、こうした近代科学のパラダイムの影響を受けて、客観的に観察可能な行動を対象とする行動主義などの科学としての心理学を目指すことになった。

　しかし、普遍的法則の探求を土台としてきた近代科学にも、20世紀に入ってパラダイム・シフトが起きる。アインシュタインの相対性理論は、空間は三次元ではなく、時間も空間から独立しておらず、時間と空間は緊密に結びつき、「時空」という四次元連続体を構成することを明らかにした。近代科学の土台であったニュートン力学の原理の、絶対的な時間と空間の設定自体が怪しくなってしまったのである。さらには、序章でも触れたハイゼンベルクの不確定性の原理の発見などは、観察する者とされる者を分離・独立して扱ってきた近代科学の土台を揺さぶり、すべての現象は相対的、確率論的にしか定義できないことを意味した。こうした発見に

　よって描き出される世界観も、近代科学の要素還元主義的で機械論的な世界のイメージから、すべてのものが絡み合いながら絶えず変化生成する有機的なイメージに変容し、その影響は思想や哲学などにも及んでいった。

　ホロニカル・アプローチは、心理社会的支援の理論と技法だけではなく、量子論の誕生などのニューサイエンスの影響も強く受けている。また、提唱者である定森の直接体験から生まれたホロニカル・アプローチが独我論になることを避けるためにも、最新の科学論や思想・哲学、心理学のパラダイムとの関係を積極的に研究していく姿勢が大切だと考えている。

●●

❸ ホロニカル・アプローチとは

ホロニカル・アプローチの誕生

　ホロニカル・アプローチは、臨床心理士の定森恭司により提唱された日本独自の理論であり、その実践には約40年の歩みがある。児童相談所などの現場では、家庭や地域に出向いて支援する生活臨床が中心であり、従来の非日常的空間である面接室で行われる心理療法とは支援構造が大きく異なる。また、心理療法の多くは、内省的、自己洞察的な要素が強く、被支援者自身に自己や世界を適切に観察するだけの力が必要となる。しかし、児童福祉領域の現場が扱う事例では、自己観察することが困難であったり、相談すること自体に抵抗を示したりする被支援者が少なくない。そのため、内的世界を重視する心理療法、すなわち、被支援者の観察主体が自身の内的世界を観察対象とする支援方法だけでは、前提となる相談関係を構築することすら難しい。

　生活型、地域型ともいえる福祉心理臨床や学校心理臨床では、被支援者の観察主体が、内的世界ばかりでなく外的世界にも向かっていく必要がある。被支援者の内的世界と外的世界の両方を観察対象とし、被支援者と支援者が共同観察する関係を構築するような理論と技法の構築が求められる。また、子どもの健全な発達を促進することのできる適切な場所づくりも重要な課題となる。こ

うした中で自ずと生まれたのが内的世界と外的世界を共に重視するホロニカル・アプローチであり、さまざまな困難事例に対応する中で結果として統合的な心理社会的支援の方法になっていった。

実践のポイント

　「私という意識」が観察主体となって「自己の内の内的世界」を観察するときと、「私という意識」が観察主体となって「自己の外の外的世界」を観察対象とするとき、さらには、「超俯瞰的な神や仏のような視点」や「宇宙」から「自己を含むすべての世界」を観察対象とするときでは、"こころ"の内・外の感覚が異なってくる。つまり、観察主体の位置によって、"こころ"の現象を自己内だけのことと感じる人と、すべての世界に広がっていると感じる人まで、差異が生まれてくるのが心的現実といえる[3]。ホロニカル・アプローチでは、観察主体と観察対象の関係をめぐる実感・自覚の差異に注目することで、多層多次元にわたる顕れ方をする"こころ"の問題を統合的に理解することを試みる。

ホロニカル・アプローチの定義

　ホロニカル・アプローチは、フロイト、ユング、家族療法、プロセス指向心理学、システム論、ナラティヴ・セラピー、トランスパーソナル心理学に加えて、西洋哲学から東洋哲学までをバックボーンにしている。多層多次元な現象となって顕れる"こころ"の深層から、身体、関係性や社会に至る次元まで、人間のありようを部分から全体、あるいは全体から部分に向かって自由自在に俯瞰することを重視する統合的アプローチである。「生きづらさを契機に、"こころ"の内的世界及び外的世界を自由無礙に俯瞰することによって、より生きやすい生き方の発見・創造を促進する支援方法[4]」と定義される。

　ホロニカル・アプローチでは、心的苦悩を契機に自己と世界の自己組織化を促進することを図る。自己組織化とは、自ずと自己と世界の一致を求めて秩序化し構造化していく現象をさす。ここであえて「自己と世界の自己組織化」という表現を使うのは、自己とは、世界があってはじめて存在できるものであ

り、両者が不可分なものだからである。自己と世界のどちらかだけが変わるということはありえないことであり、自己の変容は世界の変容となり、世界の変容は自己の変容をもたらす。適切な自己と世界の自己組織化は、より創造的な人生をもたらすが、自己と世界の不一致の蓄積から生じる心的症状や心的問題は、自己と世界の自己組織化を停滞させる悪循環パターンをもたらす。そのため、執拗に繰り返す心的問題を契機に、被支援者自らが内的世界と外的世界の関係性を適切に見つめ直す場を支援者が提供することで、より創造的な人生に向けた自己と世界の自己組織化を促進することを試みる。

　ホロニカル・アプローチは、治療モデル、発達モデル、問題解決モデル、教育モデルのいずれに基づくものでもない。ホロニカル・アプローチとは、「生きやすさ」を志向する統合的な心理社会的支援の方法であり、被支援者が"こころ"の内・外を見つめ直す作業を通じて、自己と世界との適切な対話軸をもち、自己と世界の一致に向けたより生きやすい方向性を目指していく。すなわち、ホロニカル・アプローチとは、被支援者が自己と世界との適切な関わり方を自ら発見するための創造的枠組みを提供する、新しい心理社会的支援の方法だといえる。

実践のポイント

　ある心的症状が改善したとしても、人生がより生きづらい状態にあっては、ホロニカル・アプローチによる心理社会的支援の目的を果たしたとはいえない。むしろ心的症状を抱えていたとしても、人生が以前にましてより生きやすいものに変容していっているのであれば、ホロニカル・アプローチによる心理社会的支援の目的に沿っているといえる。

　ホロニカル・アプローチは、「苦悩は創造の契機である」と捉え、苦悩をなくしたり軽減したりしようとしない。被支援者と支援者が不一致・一致を繰り返しながら共に俯瞰的に自己観察していく場があることで、被支援者は新たな人生の生き方を創造できると考える。

ホロニカルとは

「ホロニカル」とは、「部分と全体の縁起的包摂関係」を意味する。「部分に
全体が織り込まれる」というホログラフィック・パラダイムやホロンなどの
概念の影響を受けて作り出されたオリジナルの概念である。華厳思想の「一即
多・多即一」と相似的な概念といえる。部分は全体に包み込まれるとともに、
部分もまた、全体を包み込もうとする。自己（部分）と世界（全体）もホロニ
カルな関係にあり、そもそも "こころ" がホロニカル性をもつ。

ホロニカル・アプローチでは、心的問題について、「ある心的症状やある心
的問題を部分とすると、心的症状や心的問題には被支援者の内的・外的世界を
めぐるすべての問題が織り込まれている」と捉える。ある心的問題は、全体の
要素還元的な単なる部分の問題ではなく、ある心的問題（部分）の変容は、自
己や世界（全体）の変容に関係し、自己や世界（全体）の変容は、ある心的問
題（部分）の変容に深く関係すると考える。

一瞬・一瞬のある思考、ある姿勢、ある気分、ある出来事、ある言動、ある
仕草などの一部分に、場の抱えている一切合切の矛盾が含まれている。すなわ
ち、ある一部分にはすべてが含まれており、ある一部分の小さな意味のある変
化は、他の多層多次元な位相の変容に影響していく（図1）。このように、ある

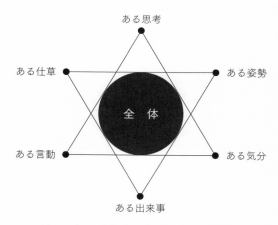

図1　部分と全体のホロニカルな関係

部分には全体が包摂され、全体にはある部分が包摂されるというホロニカルな関係が、ホロニカル・アプローチの中核概念としてある。

Episode

　家出などの非行を理由に警察に補導され、児童相談所の一時保護所で生活する中学生の男子は、瞬間の動作であるが、不随意に片手で顔をかばうような仕草をすることがあった。面接の際に、その無意識に出る仕草を指摘したとき、彼は父親から殴られていたことを想起した。何気ない仕草にこそ、彼の親子関係が含まれており、そのことを手がかりに過去の身体的虐待の事実についても扱うことができるようになった。そこから、彼は自身の人間関係のパターンを整理することが可能になり、今後のことについて、児童福祉司や家族と前向きに話し合うことができるようになった。

実践のポイント

　不快な記憶を思い出すときに嘔吐するかのような動作となったり、抑うつになると腰をかがめて下向き加減になったりすることは、誰もが体感している心身一如の現れといえる。身体には過去の体験に基づく記憶やそのときの情動や感情のパターンが刻み込まれているという観点は、トラウマなどの虐待による影響を考える上で必要不可欠である。被支援者が自らこうしたことに気づくことは難しいが、心理面接や生活場面で、何らかの契機があることで、過去のパターンの想起や意識化が可能となる。

フラクタル構造[9]

　部分と全体が自己相似的になっていること、つまり、ミクロレベルでの構造パターンがマクロレベルでも繰り返し出てくる構造を、複雑系の科学では「フラクタル構造」という。わかりやすいフラクタル図形としては、コッホ曲線（図2）やシェルピンスキーの三角形（図3）が有名である。雪の結晶、植物の葉脈、樹木の枝葉の分岐構造などがフラクタル構造の典型例であり、生態系、生物、生物を構成する臓器や組織など、あるいは国家・地域・会社などの

図2　コッホ曲線

図3　シュルピンスキーの三角形

社会集団など、秩序と調和をもったシステムは、部分と全体のホロニカルな関係を形成することで成り立っていると考えることができる。例えば、臓器は人間全体からみれば部分だが、臓器を構成する組織からみれば全体であり、個々の組織は細胞が集まって形成される。さらにミクロな部分に焦点を当てていけば、分子は原子の集合であり、原子はさらにそれを構成する素粒子の集まりとして捉えることができる。このように部分と全体はフラクタル構造になっており、全体の中に部分があり、部分の中にまた全体があるというホロニカルな関係にある。

　ホロニカル・アプローチでは、被支援者－支援者関係、被支援者の対人関係や親子関係などの各次元において同じようなパターンが繰り返されるフラクタル構造に着目する。ある症状や行動上の問題を反復する被支援者は、自己及び世界との関わりのさまざまな次元で、自己相似的な固着パターンを繰り返している。こうした場合は、取り扱いやすい小さな悪循環パターンを見つけ、その変容を丁寧に扱っていけば、やがてその小さな変容が大きな意味のある変容につながっていく。このようにホロニカル・アプローチでは、ある部分と全体とのホロニカルな関係を見通した上で、悪循環パターンを取り扱っていくことが大切だと考える。

ホロニカル・アプローチの統合性[10]

　ホロニカル・アプローチでは、あらゆる理論や技法は、"こころ"という複雑な現象をめぐる観察主体と観察対象の組み合わせの差異として、体系的・統合的に見直すことができると考える。その背景には、事物を識別・分析しようとする「観察主体」と、識別・分析される「観察対象」の組み合わせの違い自体が、同じ"こころ"を対象としながらも、あたかも変幻自在な"こころ"の顕れ方まで変化させているという考え方がある。

　誰がどのような立場から、何に焦点を当てて、どのように見るのかによって、たとえ同じものを対象としていても異なるものとして捉えられる。例えば、認知行動的観点から客観的に記述可能な行動・認知の変容を対象とする認知行動療法、システム論的観点から家族関係や人間関係などの外的対象関係に焦点を合わせるシステムズ・アプローチ、精神力動的観点から過去の親子関係から形成された内的対象関係を扱う精神分析というように、学派の違いを観察主体と観察対象の関係という切り口から捉え直すことができる。このように、多層多次元な"こころ"の顕れの、どの層、どの次元に、被支援者や支援者がどのような観察主体から、どのような構えから観察しようとしているのかという差異として、異なる理論や技法を統合的に記述することが可能である。ホロニカル・アプローチでは、観察主体と観察対象の関係のこうした差異に注目することで、心理社会的支援に関する既存の理論や技法を場の状況に応じて自在に扱うことが可能となる。

　既存のある理論や技法だけの対応で行き詰まったときなどには、これまでの観察主体と観察対象をめぐる固定的パラダイムを脱構築して、同じ現象に対して、観察主体と観察対象をめぐる新たな視点からアプローチをすると、まったく新しい展開が生まれてくる可能性がある。しかし、異なる心理社会的支援の理論や技法を混乱なく統合的に活用するためには、異なるパラダイムを統合する原論となるパラダイムが必要である。その点、"こころ"とは何かといった根源的な問いを深めていく中で生まれたホロニカル・アプローチは、心理社会的支援の原論になりうる理論であり、大きな可能性を秘めていると考えられる。

ホロニカル・アプローチの主な技法[11]

　ホロニカル・アプローチでは、多様な支援の道を模索・研究するうちに、さまざまな技法が創発されており、今もなお深化し続けている。アセスメントや変化促進のための技法としては、①小物などによる外在化、②場面再現法、③対話法、④能動的想像法、⑤ただ観察、⑥超俯瞰法、⑦スケール化法、⑧無意識的行為の意識化法、⑨スポット法、⑩三点法などがある。

　これらに共通しているのは、生きづらさをもたらす内・外の対象関係や問題自体を小物や描画などを使って外在化することで、被支援者が自己及び世界との不一致・一致の直接体験にまつわるさまざまな対象関係について、自己理解を深めていくことを支援するところである。ホロニカル・アプローチでは、こうしたさまざまな技法を効果的に組み合わせることで、被支援者の自己と世界の関係性を、被支援者と支援者が共に俯瞰できるような場をつくることを試みる。具体的には、より適切なメタ認知的な上位の視点からの洞察を可能とする主体の強化を図ったり、反対に、極小の「今・この瞬間」という直接体験の一点から自己と世界の関係性をそのまま直感的に感じようとしたりしたりする。そのような中で、被支援者と支援者が共に一致する直接体験を手がかりに、被支援者が悪循環から脱してより適切な自己組織化を図る道を発見・創造することを支援する。

Episode

　一時保護所で中学生女子と面接をしていると「こんな私なんかこの世にいない方がいいんだ」と涙ながらに訴えてきた。カウンセラーは、そのような彼女を小物を使って外在化し〈「こんな私なんかこの世にいない方がいいんだ」と思っている《自分》がいるのかな？〉と鏡映的に応答したところ、彼女はうなずいた。そこで、先ほど置いた小物の傍らに「こんな私なんかこの世にいない方がいいんだ」と自らを否定する《自分》を別の小物を使って外在化し、自分が自分自身を否定していることを面接時の彼女が俯瞰できるようにした。その結果、自己否定的な考え方と適切な距離がとれるようになり、冷静にこれからのことについて話し合うことができるようになった。

実践のポイント

　このような局面では、被支援者が語る言葉の流れに沿って外在化していくことがポイントである。支援者は勝手に解釈をするのではなく、できるだけ被支援者の語る言葉をそのまま使いながら、自然に寄り添う姿勢が求められる。こうした外在化の工夫により、その後の共同研究的作業を可能とし、彼女の変容を加速させていくことができる。なお、小物については、面接室に偶然あったもの（置物、ペンケース、箱、小銭など）を活用すればよい。[12]

当事者中心の支援としてのホロニカル・アプローチ[13, 14]

　子ども虐待などの生きづらさを抱えた人に対する心理社会的支援では、特定の理論や技法だけで生きやすさを当事者にもたらすことはありえない。生きづらさの問題は複雑であり、"こころ"の多層多次元にわたる問題を有していることがほとんどだからである。自らの理論や技法が唯一と思っている支援者は、案外、当事者の生きづらさに関心があるというよりも、自分の好みの理論や技法を使って心理社会的支援を行いたいという動機の方が目立つものである。「あなたのため」と語りながらも、これまでの心理社会的支援は、根源的なレベルで、当事者が支援内容を選択し、自己決定できる立場にはなく、事実上、支援者が身につけている支援法に対して受動的に同意するかどうかの選択権しか与えられていなかったのではないだろうか。

　当事者は、事実上、オーダーメイドの服を支援者と協働して創りあげていくというよりは、たくさんあるレディーメイドの服の中から、裾合わせ程度の修正を受け容れるしかない状態にあるといえる。その背景には、エビデンスのある対応を探究する中で、個別性の原理より一般原理が優先するという支援内容のプログラム化の影の問題や、逆に、エビデンスが不明のまま百家争鳴状態にある既成の心理社会的支援法を前にして、当事者も支援者もどれを選択したらよいのか、ある意味で、途方に暮れているという現実も関係していると思われる。

　こうした現況を反省するとき、もう一度、当事者中心の原点に帰り、当事者中心の支援とはどうあるべきかを捉え直す時期に来ていると思われる。よき支援者とは、既知の理論や技法を知りつつも、その限界をよく知り、当事者と共に共同研究的に協働しながら生きづらさの問題に向き合っていくという創造的な態度をとるものである。当事者の自己選択や自己決定を尊重しながら、当事者と共に歩むという関係をとても大切にしているといえる。ホロニカル・アプローチは、まさにこうした実践から共創されてきたアプローチであり、従前の一派一学派のパターナリズムの影の問題を超克した統合的アプローチであるといえるだろう。

第2章

ホロニカル・アプローチの基本モデル

❶ 事例2── ABC モデルによる里親支援

　児童養護施設から里親に小学生男子が措置された。しかし、彼は愛着の問題から些細なことで感情を爆発させ、里親に対して反抗的、攻撃的に振る舞った。養育の限界を感じた里親が児童相談所に SOS の連絡をしたところ、児童福祉司と児童心理司が家庭訪問をし、里親と子どもの面接を行った。

　児童心理司は、里親面接でホロニカル・アプローチの ABC モデルによる支援を実施した。まずは悪循環パターンに陥り、陰性感情を抱いている里親を A 点として表す小物を置いた。次に A 点から適切な距離をもって A 点を観察している面接時の里親を C 点として表す小物で外在化し、里親に対して子どもと夢中になって楽しく過ごすことができているときの記憶（ホロニカル体験時）の想起を求めた。里親がそのときの陽性感情や記憶表象をいつでも想起できるようになるまでイメージの強化を図り、そのときの里親を B 点として表す小物を置いた。このように A 点、B 点、C 点の小物による外在化ができた段階で、A 点時と B 点時の想起を交互に求めた。すると 3 回程度の A 点と B 点の往復によって、里親は陰性感情が和らぎ、子どものことをほどよい心的距離をもって語れるようになった。そして、行動上の問題を抱える子どものことを C 点から受容することが可能になっていった。

　家庭訪問後、すぐに状況が改善したわけではないが、里親は今起きていることを理解できるようになり、子どもに感情的に巻き込まれることなく、冷静に対処できるようになった。その結果、里親養育を継続することが可能となり、時がたつと子どもの行動も自然と落ち着いていった。

　虐待などのトラウマを抱える子どもは、里親家庭で安全が保障されたとして
も、すぐには対人関係に関する不安や恐怖を払拭できない。些細な発言や仕草
に過敏に反応し、過去の加害者との対人関係を投影して「見捨てられた」「否
定された」と思い込む傾向があり、里親などに対して攻撃的になったり、過度
に依存的になったりすることも少なくない。こうした反応は、めまぐるしく変
化し、一貫性に欠けるため、適切な観察主体がなければ、里親は知らぬ間に過
去の対人関係の再演に巻き込まれてしまう。加害者的立場を再現させられてし
まったり、子どもの思わぬ反応に傷ついたりして、結果として里親不調による
措置変更に陥ってしまうことになりかねない。

　そのため、危機に直面した里親が適切なほどよい養育者として生き残ること
ができるように、統合的にアプローチしていくことが重要である。**事例２の**
ようにホロニカル・アプローチの ABC モデル（第３節で詳述）の観点からの支
援を実施することで、トラウマを抱える子どもが、ほどよい養育者を内的対象
として内在化していくのを促進することができると考えられる。

❷ ホロニカル・アプローチの基本コンセプト

不一致と一致の"ゆらぎ"への注目

　ホロニカル・アプローチでは、自己と世界の出あいの不一致・一致という
"ゆらぎ"に注目する。自己と世界の関係は、不一致となった瞬間、主体と客
体が多層多次元にわたって対立し自己に生きづらさをもたらすが、一致となっ
た瞬間、主客合一*の関係に変容することができると考えられる。

　自己と世界が一致するときは、"こころ"は穏やかで、一点の曇りもなく清
浄である。無心となって何かに没頭している状態でもあり、自己と世界が無境
界となって、すべてをあるがままに一如的に体験することができる。その一方
で、自己と世界が少しでも不一致となるときは、"こころ"は激しく乱れ、自

＊哲学者の西田幾多郎により提唱された概念。主体と客体が合一すること。ホロニカル・アプ
　ローチでいう観察主体と観察対象が一致している状態。

己と世界は引き裂かれ、不安、迷い、苦痛に悩まされる。一致の累積は、生きやすさの感覚をもたらすが、不一致の執拗な累積は、苦悩となり生きづらさをもたらす[1]。

　ホロニカル・アプローチでは、被支援者のニーズに応じて、自己と世界の一致を体験するための支援、不一致の"ゆらぎ"をそのまま俯瞰するための支援、場合によっては、不一致をそのまま受け容れるための支援を行う。こうした場を得ることで、被支援者は、自己と世界の不一致・一致の出あいをしっかりと観察する主体を強化することが可能となる。

実践のポイント

　ホロニカル・アプローチでは、一致ばかりを求めることはしない。むしろ不一致の状態にも意味を見出し、自己と世界が不一致となり対立するからこそ、新たな自己と世界の関係が創造されてくる契機と捉える。ホロニカル・アプローチによる心理社会的支援のプロセスでは、自己と世界の不一致・一致を「行ったり・来たり」することを、安全にかつ安心して自由無礙（むげ）に俯瞰できる場を構築することに焦点を当て続けることが重要である。

実感と自覚[2]

　明治以降に西洋から輸入された心理学は、"こころ"の現象を対象化し、自己内省や自己洞察をする学問である。このように観察主体が"こころ"の現象を観察対象として観察する学問のあり方は、自我といわれる意識の中心的主体によって、"こころ"の現象を意識化することを重視するパラダイムの上に成立する。しかし、こうした西洋の心理学が取り入れられる前の日本では、"こころ"の現象をそのまま、あるがままに実感することを重視し、実感する主体から"こころ"を切り離して対象化することを忌避していた。むしろ無我となって、すべてをあるがままに受け容れ、自己と世界が共時的に共鳴・共振するような無境界的一体性が重視されていた。日本では、"こころ"のテーマは学問の対象というよりも、心身一如の無の境地を極める鍛錬のテーマであったといえる。

　今日の日本では"こころ"の捉え方は欧米化したといえるが、それでも日本人の心底には、古来の日本的な"こころ"の捉え方があると思われる。ホロニカル・アプローチでは、観察対象をしっかりと観察しようとする意識の主体の確立が重要であると考えると同時に、すべてをあるがままに感じる観察主体と観察対象とが「一」となるような実感を大切にしている。

Episode

　久しぶりに登校してきた男子生徒は、養護教諭の顔を見て思わず笑みを浮かべた。それを見た養護教諭もほぼ同時に笑みを返した。二人の間には自他の区分が一見溶解したかのようなあるがままの瞬間があった。このときの養護教諭には、何かの意図や目的があったわけではなく、偶然、生徒と会って自然に応答しただけであり、そこには観察主体と観察対象の区分はない。

　これは事例1で示した、生徒の内面を観察対象として不登校の原因を分析しようとした担任やカウンセラーの態度とは明らかに異なる。しかし、養護教諭は、あるがままの体験の自覚がなく、俯瞰する力も十分ではなかったため、そのことを第三者に伝えることができなかった。そのため、養護教諭の対応は、生徒との情緒的な関係を強める点では有効であっても、意味のある変化を生み出すことにはつながらなかった。すなわち、西洋的な科学的態度と、日本的な「あるがまま」の態度は、どちらが優れているということではなく、いずれの態度も必要だといえる。

☞ **補足説明** ●●

　「古池や蛙飛び込む水の音」という俳句は、観察主体と観察対象の世界が「一」となったあるがままの瞬間を見事に表現したものといえる。蛙も自分も古池にとけ込んで一体となり、無我の境地で「ポチャン」という音を聞いている。それは古池や蛙を観察対象として見ようとするときとは体験のあり方がまったく異なる。自己と世界の関係について、美しい景色を見ることを例にあげれば、西洋の心理学は、景色の意識化を重視し、古来日本は、自己と景色の無境界的覚醒を重視してきたといえる。

　ホロニカル・アプローチでは、西洋の心理学と日本的な"こころ"の捉え方のいずれも重視する立場から、自己と世界の出あいの直接体験の「実感」とその後の「自覚」を大切にする。

・・・

自由無礙の俯瞰[3]

　ホロニカル・アプローチでは、観察主体と観察対象の関係を含んで観察することを「俯瞰」と呼ぶ。通常、人は観察主体か観察対象のいずれかしか意識化しない。そのため、観察主体と観察対象の関係が、何らかの悪循環パターンに陥っていても、自力では負のスパイラルからなかなか抜け出せなくなる。こうした場合は、観察主体と観察対象の不一致・一致の関係を、新たな適切な観察ポイントから自由に柔軟に観察する場をもつことが重要となる。さまざまな技法を活用して、被支援者と支援者が共に俯瞰することで、観察主体と観察対象の組み合わせにより生じる多層多次元にわたる現象世界が、あらゆる部分と全体がホロニカル関係にあることの実感・自覚を促進することができると考えられる。

　俯瞰というと、一般的には鳥瞰図的俯瞰をイメージする場合が多いと思われる。しかし、ホロニカル・アプローチの「自由無礙の俯瞰」とは、ある出来事を観察対象とし、極大のマクロの無限の球の立場から観察するとともに、極小のミクロの無限の点の立場から観察し続けることをさす。ミクロからマクロにわたる自由無礙の俯瞰によって自己と世界が縁起的なホロニカル関係にあることを実感・自覚することができれば、自己と世界の関係がより一致に向かっていく自己組織化が促進される。

　人は、安全で安心できる新たな俯瞰的枠組みの場を得てはじめて、自らの"こころ"の内・外における悪循環パターンから抜け出したり、これまでの自己及び世界との関係を見直したりすることができるようになり、新しい自己と世界の自己組織化が可能になると考えられる。

実践のポイント

ホロニカル・アプローチのもっとも重要な概念である自由無碍の俯瞰とは、ミクロの世界をマクロな視点から俯瞰すると同時に、マクロの世界をミクロな視点から俯瞰することである。これは世阿弥の「離見の見」に通じる概念であり、能の演技を例にとれば、演じている自分自身を含め、観客の反応をもさまざまな視点から広く捉え、舞台全体の動きを俯瞰する姿勢のことをさす。こうした意識状態は、演じることに没入して無我の状態でありながらも、冷静に全体を見渡している状態であるといえる。

内的世界と外的世界を共に扱う[4]

ホロニカル・アプローチでは、自己と自己自身という「内的対象関係」と、自己と世界という「外的対象関係」の両方を扱っていく。その際には、当事者の生きている場所を抜きにして個人の内的対象関係を扱おうとしたり、ある場所における外的対象関係ばかり扱って内的対象関係を抜きにしたりしない。どのような場合においても、内的世界と外的世界の間に相互作用があることを前提として、どの問題に焦点化していくかを決めることを重視する。生きづらさを抱えている人の生きている場を見立て、必要性と可能性によっては、生きづらさを抱えている人の外的世界に直接働きかけ、生活の場が適切な保護的な場となるように調整することも大切である。

実践のポイント

子ども虐待への支援においては、子どもの適切な発達を促す安全・安心な場を保障することが何よりも重要である。また、実親による養育にこだわることなく、社会全体で子どもを育むことを理念として、子どもが適切な保護的対象を内在化できるよう支援していくことが求められる。子どもの安全確保は、子どもの外的世界へのアプローチといえるが、そうした支援を通して、子どもが適切な保護的イメージを内在化していくプロセスは、まさに内的世界のテーマといえるだろう。

このように子ども虐待への支援対象は、「内的なもの」と「外的なもの」

に明確に分かれるものではなく、「外的なもの」に「内的なもの」が含まれ、「内的なもの」に「外的なもの」が含まれるというように相互包摂関係にあることが特徴だと思われる。そのため、"こころ"を多層多次元に捉え、内的世界と外的世界を共に扱う統合的アプローチの視点が不可欠である。

瞬間・瞬間の一刹那への注目[5]

　ホロニカル・アプローチでは、非連続的な「今・この瞬間」しかないと考える。これは過去も未来もなく現在しかないという意味ではない。部分と全体のホロニカルな関係を突き詰めて考えていけば、ある一瞬の出来事の中には、時間的空間的なもの、過去から現在に至るもの、未来を開いていくもののすべてが含まれていると捉えることができる。生成消滅する無限のミクロから無限のマクロまでのすべてを含む「今・ここ」での瞬間・瞬間による非連続的連続の繰り返しの中で、すべてが不一致・一致を繰り返している。すべてが不一致となって自律的に振る舞いつつも、他方では、すべてが一致する関係を求めて自己組織化しようとしている。つまり、すべてが対立・矛盾しながらも同一にあろうとしているのである。

　瞬間・瞬間の一刹那が、現実に存在する世界である。この時間論を前提としていなければ、ホロニカル・アプローチの理論や技法は成立しない。「今・この瞬間」が実在する世界であり、過去は「今・この瞬間」に含まれ、未来も「今・この瞬間」に含まれている。「今・この瞬間」が、「今・この瞬間」自身を否定して過去とし、新たな未来となる「今・この瞬間」を創り出すところが「今・この瞬間」である。しかも一瞬・一瞬の出来事に、複雑な絡み合いのすべてが包摂されており、すべての場所で、すべての絡み合いを包摂する一刹那が、刻々と、非連続的に「今・この一瞬」を否定しながら、また新たな複雑な絡み合いを包摂する一瞬を創り出しているといえる。すなわち、自己と世界の出あいの刹那・刹那が、創造不断の一即多の世界を創り出しているのである。

Episode

　虐待のトラウマの影響に悩まされている高校生にカウンセリングを行った。彼は、過去のエピソードを想起するとき、まるで今・現在がいまだ過去のままであるかのような怯えた仕草をしたかと思えば、逆に、何もなかったように淡々と語ることもあった。トラウマの影響により、「今・この瞬間」をいきいきと生きることができず、「世界にベールがかかっているような感じがする」と語った。こうした反応は意識的なものというよりも神経生理学的レベルのものであり、生命保存のための自己防衛能力が自動的にスイッチオンになっていると感じられた。

　そこで、彼とのカウンセリングにおいては、過去の記憶と体験を傾聴すること以上に、面接中にトラウマに伴う現象が侵襲してきたとしても、まずは今・現在は絶対に安心できるという体感を徹底的に得てもらうことを心がけた。

場所と自己の関係[6]

　ホロニカル・アプローチでは、場所と自己の関係に注目する。支援の実施場所が異なれば、どのような支援対象、支援体制、面接構造、支援方法がよいのかも変わってくる。ホロニカル・アプローチでは、自己とは、生物・神経学的な特性、自然、風土、社会、文化、歴史などと相互影響・相互限定し合う場所的な存在であると考える。場所的自己ともいえる自己は、自己が生きている場所で、苦悩を新たな生き方の創造・発見の契機として、新しい自己と世界を自己組織化しながら生きていると捉えることができる。

　従来の心理学における「自己」の概念には、「自己の底」に「生きている場所」がなかったといえる。そのため、ある場所の混乱の一切合切の矛盾を自己に映し、自己自身の内なる問題として抱え込んで苦悩する当事者の生々しさを的確に表現しきれず、あたかも個人病理のように扱ってしまうことで、適切なケース理解を妨げることにもつながっていたと考えられる。

　対人援助の現場では、既存の理論や技法を、それらが培われてきた場所の歴史的な差異を考慮せずに、そのまま活用しようとしてもうまくいかないことが多い。培われた場所が異なっていれば、場所違いの理論や技法を使用すること

になるため、まさに「場違い」な支援になってしまう。ホロニカル・アプローチでは、場所論を採用することで、既存の心理社会的支援の差異を超えて、それらを統合的に活用することができると考える。

　　場所論から相談体制と面接構造について考えると、面接構造には基本形があって、それを領域や分野別に応用するという視点ではなく、むしろ、領域や分野の違いに応じて、適切な相談体制を構築しながら、相談体制にあった面接構造をその都度その都度、創発し続けることが重要になる。

　　子ども虐待への支援では、誰といつ、どこで、どのように会うのか、それも個別か、親子か、夫婦か、合同面接を家族療法的に進めるのか、子どもを中心に据えて他の家族は協力者として協力を求めるのがよいのか、また関係者とどのように協働するのかなど、支援者の置かれている立場やケースの状況に応じた相談体制と面接構造を構築することが大切である。[7]

③ ホロニカル・アプローチの ABC モデル

ABC モデルとは[8]

　ホロニカル・アプローチの基本モデルとして、ABC モデルがある（図4）。これは自己と世界の不一致・一致を自由無礙な立場から俯瞰することができれば、自己と世界の一致に向けた自己組織化を促すことができると捉えるホロニカル・アプローチのパラダイムをわかりやすく可視化したものである。

　ABC モデルでは、自己と世界の不一致（自己違和的体験）を A 点、自己と世界の一致（ホロニカル体験）を B 点、俯瞰（協働）を C 点として、A 点と B 点という相矛盾するものを同一の C 点から適切に観察できるようになれば、自ずと B 点に向かって自己組織化していくと考える。つまり、ホロニカル・アプローチの ABC モデルとは、不一致・一致の俯瞰モデルといえる。

　ABC モデルでは、安全感・安心感をもたらす自己と世界の一致の直接体験

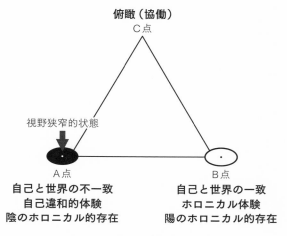

図 4　ABC モデルの基本形

に伴うホロニカル体験と、被支援者が執着している自己違和的体験との間を「行ったり・来たり」する自己自身を適切な観察主体から観察することで、自己違和的体験に伴う不快感、警戒心、恐怖感、緊張感や否定的認知の軽減または緩和を試みる。具体的には、自己違和的体験に伴う神経生理学的な興奮の鎮静化を、陽性感情を伴うホロニカル体験の想起などを促しながら図る。また、自己違和的体験ばかりでなく、ホロニカル体験を含むさまざまな直接体験の全体を適切な観察主体から俯瞰できるようになることを促進する。

　陰性感情を随伴する自己違和的体験の興奮を鎮めることで、気分を安定させることができる。さらに、気分の安定化は、自己違和的体験への執着からの脱却を促すばかりではなく、より創造的な人生に向かう自己と世界の自己組織化をもたらすと考えられる。

　なお、ABC モデルによる支援を行うにあたっては、自己違和的体験（A 点）、ホロニカル体験（B 点）、適切な観察主体（C 点）を小物や描画によって可視化して実施するとより効果的である。

自己違和的体験[9]

　自己違和的体験（陰のホロニカル的存在）とは、自己と世界が不一致となることで経験する不快感・苦痛・苦悩・陰性感情の直接体験のことである。トラウマ体験を含む自己違和的体験の累積が苦悩を形成すると考えられる。

　不一致の自己違和的体験があまりにたび重なったり、たとえ一過性でも生死に関わるような強烈な不一致の自己違和的体験があったりすると、観察主体は視野狭窄的になって、不一致の直接体験ばかりを観察対象としがちになる。その結果、観察主体と観察対象の関係は、執着性、反復強迫性を帯び、不快な気分の高まりが、混沌とした感じを増幅していくことになるとされる。

実践のポイント

　ホロニカル・アプローチの実践の場においては、「発達障害」や「トラウマ」という用語はなるべく使わないようにしている。「発達障害」や「トラウマ」という言葉を使った途端、それらの言葉に囚われ、言葉ばかりが独り歩きしてしまい、「生きづらい存在」としての自他理解や潜在能力を封印させることにつながる可能性があるからである。ホロニカル・アプローチでは、これらを「自己違和的体験」と統合的に捉えることで、用語によるレッテル化を避けつつ、さまざまな困難事例に一貫した対応をすることが可能になる。

ホロニカル体験[10]

　ホロニカル体験（陽のホロニカル的存在）とは、忘我して、自己と世界が無境界となって、すべてをあるがままに一如的に体験しているときのことであり、観察主体が無となって観察対象と「一」になったときに得られる。そのため、「得よう」という「我の意識」が少しでも働いた瞬間、ホロニカル体験は得られなくなってしまう。意図しよう、思考しようという観察主体の意識が少しでも働いた途端、観察主体と観察対象が分断されてしまう。ホロニカル体験は、むしろ事後的に、「さっきの体験が、ホロニカル体験といわれるようなものだったのか」と腑に落ちることが多い。ホロニカル体験時には、「ホロニカ

ル体験」を意識する「我」が「無」となっているため、そのまっただ中にあっては、「無我夢中」「無心」「忘我奪魂」の体験があるとしかいえない。

　ホロニカル体験時には、人生の些細な苦悩が、自己と世界が全一となった感覚によって包まれ、至福へと変容する。こうしたホロニカル体験の累積が、自己と世界の不一致からくる生きづらさから人を守る基盤となる。

実践のポイント

　ホロニカル体験を、訓練によって得ようとすることを否定はしないし、そうした取り組みも大切だと思われる。しかし、そうした「我」の「意図」「思考」が強い状態から抜け出した瞬間、忽然（こつぜん）と、ふとやってくるような腑に落ちる体感的気づきがもっとも重要であることを忘れてはならない。

ABC モデルの基本的な考え方[11]

　ある出来事やある心的対象（気分などを含む）に対して視野狭窄的になり、観察主体の意識がある観察対象ばかりに執着し、悪循環に陥ってしまうことがある。ABC モデルでいうところの A 点固着状態である。一般的には、A 点に固執する被支援者にあっても、自己違和的体験が軽微な場合は、被支援者の観察主体の視点は C 点を維持できている。このように C 点が確立されている事例においては、傾聴をベースとした受容共感的アプローチを行えば、一時的に被支援者の観察主体が A 点に呑み込まれそうになったとしても、被支援者自らが C 点や B 点に移動することは可能である。

　しかし、被支援者の自己違和的体験が重篤な場合や、観察主体が脆弱な場合は、受容共感的アプローチだけでは不十分である。支援者が被支援者の自己違和的な体験をただひたすら受容的に傾聴し続けていると、被支援者の A 点に関する語りはエンドレスになるとともに、執着心を一層強化してしまうなど、かえって逆効果になってしまう危険性すらある。そのため、こうした場合には、主客合一となるホロニカル体験（B 点）や適切な観察主体のポジション（C 点）への移行をサポートする必要性が出てくる。

　自己と世界が一致する B 点のホロニカル体験への移行の促進の仕方には、

①被支援者の過去においてすでに体得しているホロニカル体験の想起と増幅・拡充を図る方法、②面接の場という「今・ここ」における被支援者のホロニカル体験の体得を促す方法の二つの方法がある。

　A 点に執着的になることがあるとしても、適切な観察主体（C 点）をある程度確立している被支援者などは、B 点のホロニカル体験を豊富にもっていることが多く、①の方法に効果が見込めると考えられる。しかし、被支援者のホロニカル体験が不足している場合や、C 点の観察主体が脆弱な場合は、②の方法である面接という場における「今・ここ」での被支援者のホロニカル体験の充実化を積極的に促進する必要がある。

　いずれの場合でも、観察対象である A 点や B 点と一定の心的距離を保ち、かつ、いつでも A 点と B 点との間を「行ったり・来たり」することを可能とするような「適切な観察主体」（C 点）の確立・強化・補完が重要といえる。

実践のポイント

　面接の場という「今・ここ」における被支援者のホロニカル体験への没入を促す教示としては、「『今・この瞬間』の外の景色をひたすらボーッと見てみる」「『今・この瞬間』のすべての音に耳をじっとすませてみる」「今・目の前にある振り子の時計を、振り子になったつもりで見続けてみる」などがあげられる。被支援者の観察主体の意識チャンネルを「内的世界の自己違和的感覚や記憶表象」から、今この場という「安心できる外的世界」に切り替えることが目的であり、例にあげた以外にも、さまざまな方法がありうると考えられる。

より生きやすい生き方の模索[12]

　ホロニカル・アプローチでは、生きづらさを克服するための正しい答えなど、どこにもないと考える。その一方で、ABC モデルに代表されるホロニカル・アプローチの基本的な考え方としては、より生きやすい生き方をいろいろと模索していく中で、答えは自ずと見つかってくるものとされる。

　前述したように、自己と世界の不一致体験は苦悩であり、生きづらさをもた

らす。不一致体験の累積が苦悩を形成するといえる。自己と世界は、もともと絶えず不一致と一致を繰り返しているものであり、人生から苦悩がなくなることなどありえない。

　しかしながら、たとえ一瞬であったとしても、自己と世界の一致の体験（ホロニカル体験）が累積していけば、苦悩は明らかに和らぐとともに、新しい人生の道が自ずと開かれてくる。また、過去のトラウマ体験の記憶に視野狭窄に陥っていても、今・現在に自己と世界が一致するホロニカル体験を手がかりとしていけば、過去のつらい体験を過去のものとして、そこから心的距離をとることができるようになる。

　過去の苦痛の体験を忘れたり消したりすることは、その衝撃が強いほど簡単なことではない。ただ、もし「今・ここ」で、たとえわずかな時間でも、被支援者が自己と世界の一致のホロニカル体験を実感・自覚できるならば、過去の記憶に支配されがちな今・現在から、過去を過去のものとして未来に開かれている今・現在を取り戻すことが可能となる。

　そのためには、過去の自己と不一致の直接体験の想起に対して、適切な観察主体が適切な距離をもって不一致の直接体験を観察対象とすることができるような場が必要となる。また、その場は、苦悩を伴う過去の不一致の直接体験を観察する人にとっては、逆に、「今・ここ」においては安全感や安心感を実感できるところでなければならない。おぞましい過去の直接体験を直視する人にとって、自己と世界（支援者を含む）の一致を直接体験として体感できる場でなくてはならないのである。すなわち不一致・一致の繰り返し自体を共有できる場が大切となるといえる。こうした場づくりをしていく上で、ホロニカル・アプローチの ABC モデルの考え方が参考になると考えられる。

実践のポイント

　おぞましい直接体験を観察対象とするとき、観察主体が適切な心的距離をとれないと、おぞましい直接体験に付随する激情に観察主体が呑み込まれてしまうことがある。それだけに地獄のような話を聴く人もまた、"こころ"の激情の波に呑まれないでいられる観察主体の力を獲得している必

要がある。それがあれば、"こころ"の激情の波に呑まれかかっている人を、目の前の「今・ここ」という現実世界に引き戻すことができる。

　しかし、ときとして被支援者も支援者も、"こころ"の激情に共に呑み込まれてしまうことがある。こうしたときは、話を中断して、物理的にも空間的にも、おぞましい直接体験のテーマから離れる勇気をもつことも大切になる。いったん休憩、いったん水入り、いったんクールダウンすることが重要である。底なしの苦痛の話は、実はとても強い情動感染能力をもっているため、傾聴のしすぎには注意が必要である。

発見・創造され続ける答え[13]

　生きづらさの直接体験ばかりに執着する人に対しては、自己と世界が一致したときのホロニカル体験の話題を積極的に取り上げることが大切である。ホロニカル体験そのものを自覚的に体験する人は、ごく稀である。むしろほとんどの人は、ホロニカル体験自体をすぐに忘れてしまう。決してホロニカル体験がないことはないのであるが、ホロニカル体験そのものは、「そういえばあのとき、無心（夢中）になっていた」と事後的に気づくものである。しかしながら、人は自分でホロニカル体験に事後的に気づくことは少なく、ホロニカル体験の想起のためには、ホロニカル体験に積極的に焦点を合わせる他者の存在が必要となる。

　そして、ホロニカル体験のたびに、新しい答えが発見・創造され続けてくるのである。答えは、どこかにあるというようなものではなく、自己と非自己的存在（他者とか世界の何か）との触れ合いの中から発見・創造され続けられるものとしてあるのである。

❹ ABC モデルの発展仮説[14]

ABC モデルの基本形

ABC モデルの基本形は、前述した図４の通りである。これは ABC モデル

を二次元的に表現した図である。ここでの A 点には、多層多次元性がみられる。A 点においては、観察主体と観察対象をめぐる多層性内や多次元性内の各位相間、あるいは層と次元の間での位相間における不一致による悪循環が、自己違和的な直接体験として顕在化する。その一方で、B 点においては、ホロニカル体験の瞬間、自己と世界が一致し、その後、多層多次元間の位相の不一致の自発自展的な統合化が促進される。こうした特徴をもつ A 点と B 点の「行ったり・来たり」が、自己と世界の一致に向けての適切な自己と世界の自己組織化を促すと考えられる。

　自己と世界の不一致による自己違和的体験と、自己と世界の一致のホロニカル体験の往復は、一見対立するようにみえるものが実は不可分一体であるとの実感・自覚を、C 点の立場に立つ観察主体にもたらしていく。このように瞬間・瞬間、不一致と一致を繰り返しながら、自己と世界の縁起的包摂関係（ホロニカル関係）を実感・自覚していくことには、いくつかの段階があると考えられる。こうした発展仮説を可視化すると、以下の三つのモデルによって示すことができる。なお、各モデルの観点は、支援者自身の意識であり、その支援者の観点の意識の差異を示しているといえる。

☞ **補足説明** •••

　ホロニカル・アプローチでは、"こころ"は、多層性及び多次元性を獲得しながら自己と世界を自己組織化させていくと考える。ABC モデルにおける A 点で、観察主体が観察対象を、「層」としたとき、個人的無意識、家族的無意識、社会的文化的無意識、民族的無意識、人類的無意識、哺乳類的無意識、……量子的無意識といった「内的対象関係」が想定される。また、観察主体が観察対象を「次元」としたとき、個人的次元、家族的次元、社会的文化的次元、民族的次元、人類的次元、地球的次元、……宇宙的次元といった「外的対象関係」が想定される。

••

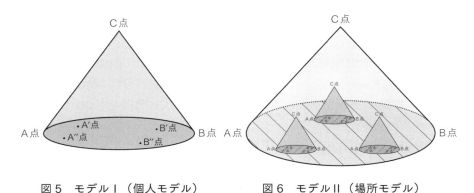

図5　モデルⅠ（個人モデル）　　　図6　モデルⅡ（場所モデル）

モデルⅠ（個人モデル）

　モデルⅠは、「個人モデル」である。Ｃ点の意識は、自己と世界の不一致・一致の繰り返しの直接体験を累積していった個人の次元を対象としている（図5）。自己の世界との不一致・一致の直接体験は、Ａ点とＢ点を両極としながらも、多様多彩な組み合わせとして存在する。その多様性を円で表現したとき、観察主体と観察対象の個人的次元の関係は円錐モデルとなる。

モデルⅡ（場所モデル）

　次に、モデルⅡは「場所モデル」である（図6）。Ｃ点は、当事者や被支援者ばかりでなく、家庭、学校、施設、企業、ある特定の地域社会などにおける家族、知人、関係者も支援対象とし、当事者や被支援者を含む場所そのものが適切な場所となるように意識されている。ホロニカル・アプローチでは、自己を場所的存在と捉えており、モデルⅡでは、場所も支援対象となる。対象となるのは、家族、組織、地域社会など、いろいろな場所の限定が考えられる。

　モデルⅡでは、各々の自己にとって、自己と世界との不一致・一致が観察主体と観察対象の不一致・一致の現象として場所から立ち顕れてきていることを表現している。大円錐で表現されている領域内が、各自己が所属する社会的場所（家庭、学校、企業、地域社会など）に相当する。したがって、大円錐の頂点の

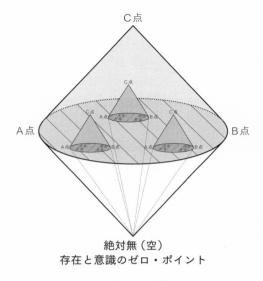

C点

A点   B点

絶対無（空）
存在と意識のゼロ・ポイント

図7　モデルⅢ（場モデル）

C点は、超個的次元の観察主体といえる。しかし、この大円錐の頂点のC点の
観察主体は、社会文化的影響を受けたホロニカル主体（理）の影響を受けている。
したがって大円錐内にある各自己のC点も、当然のこととして所属する社会
の既知のホロニカル主体（理）の影響を受けていると考えられる。この段階で
は、支援者は、当事者及び当事者を含む家族や関係者を支援対象としている。

モデルⅢ（場モデル）

　最後の段階であるモデルⅢは、「場モデル」である（図7）。ここでは、場と
場所的自己の不一致・一致レベルを扱う。
　場とは、過去を含み未来が開かれてくる「今・この瞬間」にすべての現象が
生成消滅を繰り返しているところである。場モデルの段階では、生死の場との
一致を求める真の自己の実感・自覚に向かう。すべての現象が、絶対無（空）、
あるいは存在と意識のゼロ・ポイントから生成消滅を繰り返しており、その
ことが多様な観察主体と観察対象の不一致・一致の現象となっていることを実

感・自覚している段階である。

　ホロニカル・アプローチでは、あらゆる現象が立ち顕れてくる究極の場は「絶対無」「空」であると想定している。モデルⅢは、支援の対象が、生死の場（絶対無）との一致を求めるトランスパーソナル（超個人的）な段階であり、支援者の意識は、当事者の場所の限定を離れて、生死の場そのものに共に生きる感覚になる。

　ABCモデルの段階説では、ある場の時間空間的な限定によって、場所的自己ともいえる自己と世界が、不一致・一致を展開する。その結果、場所が異なると、異なる場所的自己と場所の不一致・一致が自発自展するが、究極的に場所的自己はすべての場所がおいてある生死の場に、その死によって還元的に一致することを示している。

☞ **補足説明** ••

　　ホロニカル・アプローチでは、「場所」と「場」という言葉を区別する。「場所」とは、時空をもったこの世のある場所のことをさすが、ホロニカル・アプローチでいうところの「場」とは、「絶対無（空）」である。絶対無（空）自身の自己矛盾によって、場所（時空間）が開かれ、そこに自己も世界も立ち顕れてくる。すなわち、自己が場から創造され、場所的自己として存在し、やがて死によって、もともとの場である絶対無（空）に還（かえ）ることになる。このように考えると、モデルⅡでは、Cの意識はまだ「場所」レベルである。これがモデルⅢになると、「場」すなわち絶対無（空）が、しっかりとC点の観察主体によって意識されることになる。

••

❺ ABCモデルによる支援プロセス[15]

ホロニカル体験の促進

ホロニカル・アプローチのABCモデルによる支援は、不一致・一致の

「行ったり・来たり」を共に俯瞰することによって展開していく。

例えば、さまざまな身体症状に圧倒されて、「どうしてだろう」「どうしたらいいんだろう」と思考（頭）の働きばかりが過覚醒状態となってしまうことがある。この場合、適切な観察主体（C点）からあるがままに観察することが困難になるため、あるこだわりの観察対象（A点）ばかりに不快感や嫌悪感などの陰性の感情を随伴しながら執着しがちになる。観察主体が、観察対象であるA点が気になって仕方がない状態に陥り、適切な観察距離をとれず近視眼的になり、悪循環から抜け出せなくなってしまう。しかも、A点を「何とかしなければ」と強迫的思考が優位になればなるほど、頭痛・めまい・耳鳴りばかりか、舌・口のしびれや痛みなど、多彩な身体症状を強めるばかりの結果になる場合もある。

こうした場合は、まずA点への観察主体の執着を断ち切るために、深呼吸をしたり、振り子時計の振り子をただ何も考えずに眺めたりするよう（20秒程度2回以上）促すことが有効である。できるだけ観察主体が無我となって、心地よい身体感覚や陽性の感情が随伴する観察対象と一体化するようなホロニカル体験（B点）が促進されるようにする。そうすることでB点への移行が可能になるたびに、少しずつA点執着時の過覚醒状態は沈静化し、身体感覚がほどよい感覚に変容していく。変容後、速やかにA点時とB点時の身体感覚の差異の実感を促す。その結果、身体感覚の差異の実感・自覚とともに、観察主体は、観察対象（A点、B点）に対して、ほどよい距離を保った適切な観察主体のポジション（C点）の獲得が可能となる。

☞ 補足説明 ••

心理学で有名な実験の一つに「シロクマ実験[16]」がある。この実験は〈シロクマについて決して考えないでください〉と禁止されることで、かえってシロクマのことが頭に浮かぶようになってしまう結果から、考えすぎてはいけない物事があるときに、逆にそのことに意識が向いてしまう皮肉過程理論（皮肉なリバウンド効果）を提唱したものである。

この実験には続きがあり、〈シロクマのことが浮かびそうになったら

「赤いフォルクスワーゲン」についてだけ考えるようにしてください〉と
指示したところ、皮肉なリバウンドが起こらなかった。この現象をABC
モデルで説明するならば、A点（シロクマ）に囚われたときに、B点（赤
いフォルクスワーゲン）との「行ったり・来たり」をC点から観察できるよ
うに促していくことが有効であると理解することもできるだろう。

●●●

A点とB点の往復

　次に、A点への執着が減じるまで、A点とB点の間の「行ったり・来たり」
の作業を繰り返す。その結果、C点からのA点及びB点の二重注意が可能に
なってくる。A点から適切な距離を保った観察主体のポジションが安定化し
てくるにつれ、A点への執着が減じるとともに身体症状が和らいだり、消失
したりして、A点が観察対象として遠ざかっていく。

　この段階では、被支援者の"こころ"の片隅にはA点の感覚が確実に残存
しているが、A点への執着の感覚が残存したままの状態で、C点の観察主体
の意識が、B点を観察対象として観察できる二重注意状態になるよう積極的
に働きかけることが重要である。これはセンサリーモーター・アプローチ[17]や
EMDR（Eye Movement Desensitization and Reprocessing：眼球運動による脱感作と
再処理法[18]）に通じるところがある。被支援者と支援者が共同研究的協働関係を
構築することによって、両者がC点の立場から、A点とB点の交互的往復を
促進するホロニカル・アプローチのABCモデルと同様の考え方だといえる。

　こうした変容の背景には、神経生理学的根拠があるのではないかという仮説
が考えられる。新しい神経生理学的ネットワークが確立し、被支援者がA点
固着状態からB点やC点に意識を切り替えることがいつでも可能になるため
には、C点の適切な観察主体がどれだけ被支援者に内在化されているかによっ
て支援期間に大きな差異が出る。適切な観察主体C点が成立していて、かつ
心的外傷が一過性である場合には、数回の対応で変容可能である。しかし、幼
少期からの長年にわたる複雑性PTSDなどの場合は、適切な観察主体のC点
自体が脆弱なため支援者によるサポートが年単位で必要になる。

　また、自己の発達段階に沿った適切な観察主体の確立度合いが、変容時間の差異の大きな要因になる。適切な観察主体が脆弱で、自他関係が融合的になりやすい被支援者などの場合には、支援者との共同研究的協働関係が維持できている限りにおいては、自己と世界の不一致状態への視野狭窄的な A 点固着状態から自己と世界の一致によるホロニカル体験に移行できても、支援の場を失うと途端に A 点に執着してしまうことになるからである。そういう意味でも、適切な観察主体（C 点）の確立・強化がホロニカル・アプローチのポイントだといえる。

　ただし、この方法によっても身体症状の変容や軽減化がみられなかったり、身体症状がかえって増悪化したりする場合には、身体医学的な疾病が疑われ、医学的な診断や検査の実施が望まれる。

実践のポイント

　ABC モデルは、トラウマへの支援を行う場合にも有効である。しかし、トラウマ体験などの自己違和的体験は、想起そのものが苦痛となることが多い。不用意に過去の記憶に触れると、それまで否認・解離されていたものが刺激されることにより、さまざまな身体的症状や陰性感情のフラッシュバックなどを強めてしまう危険性があることに、十分に配慮する必要がある。

　自己違和的体験と向き合うための心理的条件整備としては、①面接の時空間が絶対的に安全・安心であると感じられていること、②日常生活で継続的な自己違和的体験にさらされていないこと、③面接中、被支援者が過覚醒・過緊張・麻痺状態に陥っても、すぐに抜け出すことのできるリソースを被支援者と支援者が獲得していること、があげられる。

ホロニカル・アプローチと東洋思想[20]

　ホロニカル・アプローチの"こころ"の捉え方には、東洋思想の無我思想の影響がある。また、「苦悩は創造の契機である」という考え方は大乗仏教に通じるところがある。浄土真宗の宗祖である親鸞は9歳から29歳までの20年間、比叡山延暦寺で修行・修学したが、自力で煩悩を断てず悟りを開けない自分自身に絶望して下山した。そして、六角堂で百日間参籠を行い、夢告により法然の元に向かい、そこで、救われざる自分が唯一救われていく教え、阿弥陀仏の本願（絶対他力）による救いに出あったという。親鸞は、自らの苦悩と真正面から向き合ったがゆえに、苦悩を抱えたままの自らが救われていく教えに出あうことができたということであろう。

　ホロニカル・アプローチでは、自己と世界の不一致をなくそうとするのではなく、不一致であることを受け容れつつ、自己と世界の本来の一の関係に目覚めることが大切だと考える。ここで重要なのは、一見すると相対立する出来事が、実は同一の出来事でもあるということへの気づきであり、この気づきこそが創造の契機となる。自力では解決することのできない問題を抱え込み、苦悩する人を目の前にしたとき、身近な人がその苦悩をシェアし、共に少しでもよりよき新たな人生の道を発見・創造しようと思い立つことで、苦悩が希望に変容していく。共に苦悩しながら、少しでも生きやすくなる道を共に発見・創造しようとするとき、被支援者と支援者の関係を超えた命の創造的な働きが布置する。この瞬間、あらゆる矛盾を止揚するすべてお見通しの全総覧的な観照作用である「IT（それ）」に包まれるような感覚になる。こうした体験が、親鸞思想で大切にされていることと相似的と考えられる。

　適切な社会的包摂の場が、各々の自己に内在化されればされるほど、ホロニカル体験の頻度が高まり、自己と世界のホロニカル関係を深化させることが可能となる。右肩上がりで理想の自己に向かって自己が自己実現するのではなく、自己と世界のホロニカル関係に目覚めながら、すべてが元来一であったことに覚醒することが、真の自己に向かっていくことであると考えられる。

第 3 章

ホロニカル・アプローチの基本姿勢

❶ 事例 3 —— 超俯瞰法による理想の母親との対話

　娘のできていないことばかりが目につき、厳しく叱責するあまり親子関係が悪循環に陥っている母親に、心理面接を継続的に行った。面接を重ねるにつれて、母親の苦悩に共鳴したカウンセラーは、「自分に似た娘の将来が心配で、叱ってばかりで、娘に嫌われてしまう」という語りに対して、うなずきながら母親と同じ言葉を繰り返した。

　このタイミングで、〈ところで、すべてのことをお見通しの仏様や神様のような母親になれたとしたら、あなたの抱く理想の母親はどのようなイメージなのですか?〉と問いかけた。すると、母親は「見捨てもせず、といっても過剰に心配しすぎない母親」と答えた。そこで、カウンセラーは、母親を「オカリナ」(図 8)、理想とする母親のイメージを「観音様」の小物を使って外在化し、「理想の母親」(観音様)を観察主体にして「現在の自分」(オカリナ)を対象として観察する超俯瞰法を実施した。

　オカリナをカウンセラー側に置き、観音様を空中に浮かべながら〈見捨てもせず、といって心配をしすぎない理想の母親が空から見ているとしたら、地上の自分に向かって、どうしてあげますか?〉と問いかけたところ、「がんばっているねと抱きしめてあげる」と母親は答えた。そこで、オカリナを母親側に置いて、〈すると、この自分(オカリナ)は、どんな気持ちになりま

図8　オカリナ

63

すか〉と尋ねたら、母親は「うれしい」と答えた。

　このようにオカリナと観音様の小物を使って、観察主体と観察対象を交互に入れ替えながら、現在の母親と理想の母親との対話を続けていった。その結果、母親は娘に対する日頃の自分の態度と理想の母親との明らかな違い、さらにはこうした母親の言動は幼少期の親子関係の再演であることに気がつくことができた。

　ホロニカル・アプローチによる心理面接で、もっとも重要なポイントは、「クライエントが常に観察主体であり続けるようにすること」であり、クライエント自身が自己と世界との関わりについて、観察の主体となれるよう支援することが大切である。心理面接は誰のためにあるのかといえば、当然のことながらクライエントのためである。クライエントの主体性を尊重するためには、「支援者がクライエントを理解するための心理面接」というよりも「クライエント自身の自己理解を促進するための心理面接」という一貫した姿勢を徹底することが求められる。ホロニカル・アプローチでは、クライエントの適切な観察主体の強化を目指して、小物を使って外在化するなど、さまざまな工夫をしながら支援を行う。

　事例 3 で紹介した小物による外在化や超俯瞰法の中で活用される対話法では、観察主体となる小物をクライエント側に置くことで、クライエントが常に観察主体でいられるように促す。さらには、観察主体と観察対象に見立てた小物の位置を交互に入れ替えて対話させることで、異なる観察主体から異なる観察対象を観察することを一緒にシミュレーションすることが可能となる。クライエントと支援者は、外在化による俯瞰的な枠組みを得ることで、自己と世界の関係性のパターンを共有しやすくなり、変容に向けた共同研究的協働関係の場を構築することが可能になる。

　このように、外在化や超俯瞰法などの技法を活用して、観察主体と観察対象を交互に入れ替えながら対話を促進することで、観察主体と観察対象の不一致がより一致する方向に向かって自己組織化していく頻度を高めることができる。

実践のポイント

> 　小物による外在化は、使用するタイミングを誤れば、クライエントは小物が突然置かれることに驚いたり、戸惑ったりしてしまうだろう。そのため、カウンセラーとクライエントの両者に共感が生まれたときに自然な流れで導入することが望ましい。これを具体的に言語化するならば、後述する共同研究的協働関係が生まれた瞬間であり、そうした展開が生まれるようなカウンセラーの態度が何よりも重要となる。

❷ ホロニカル・アプローチにおける支援者のあり方

共同研究的協働関係の場の構築[3]

　相談体制や面接構造の違いは、被支援者と支援者の関係性に直接影響する。特に、医療領域で行われる「医学に基づく狭義の治療」と、児童福祉領域で行われる「心理社会的支援」とは明確に区別する必要がある。

　医療機関の多くでは、受付は医療事務員、初回面接は医師、その後、医師が必要性を認めて心理職等により心理検査や心理治療が行われるという流れにあり、すべての行為は基本的に医師の指示によって実施される。支援内容は医療機関によって異なるが、すべては「治す人」と「治してもらう人」という人間関係が場の前提になっている。その一方で、児童福祉領域の現場では、「治す人」と「治される人」という関係とは異なる人間関係が形成される。このような場の違いは、被支援者と支援者の社会的関係を決定づけ、異なる展開の対話を生み出す。

　ホロニカル・アプローチでは、「人間の苦悩について、共に苦悩を抱え、共に苦悩に向き合って、より生きやすくなる道を共に発見していく行為」を心理社会的支援と捉え直す。そのため、「被支援・支援の関係」が「共同研究的協働関係」に変容していくような枠組みを重視している。こうした枠組みによって、不平等をはらみがちだった対話から「共創的対話」への転換を図る。

実践のポイント

「共同研究的協働関係」のような協働的な関係性をつくるためには、「一緒に考えましょう」と言うだけではなく、結果としてクライエントと支援者が一緒に考えるという展開を創り出すことが重要である。例えば、クライエントのある発言に対して、小物などを使って外在化しながら「○○かな?」と場面を再現し、共に観察しようとする行為から、自然と生まれてくるような関係である。

Episode

　医療機関で治療的面接を意識した対話をする場合、〈調子はどうですか?〉など、体調や心身の不調の有無を質問することが中心になるだろう。そうでなくても、医療機関という場に対して、治してもらいたいという気持ちを抱く人との面接は、心身の不調を口にするところから始まることが多くなる。

　それに対して、ホロニカル・アプローチによる心理社会的支援を行う場合、例えば、〈それでは、今日はどんなことについて整理するのをサポートすればよろしいですか?〉などと尋ね、クライエントが面接の主題決定の立場にあることを尊重する。また、子ども虐待に関する親への対応の場合、子どもの当面の安全が確保されていることが前提ではあるが、〈ストレスが溜まってイライラしているにもかかわらず、子どもに怒鳴ったりせずにうまく関われたとき、どんな工夫をしたのか教えてください〉と問いかけるなど、徹底して共同研究的協働関係の構築を目指し続ける。

　こうした場が、苦悩するクライエント自身にとっては、ただ自分が存在することだけでも意味のあることだという実感と自覚を促すことにつながっていく。

☞ **補足説明**••

　心理領域で使用される用語は、支援＞心理社会的支援＞心理的支援＞心理相談＞カウンセリング＞心理療法／心理治療という順に、意味するものの幅が狭くなる。いずれの立場であっても、"こころ"の多層多次元のテーマが背景にある生きづらさに関わっていく営みであることには変わりがない。ホロニカル・アプローチは、支援といっても治療的パラダイムとは異なる支援行為の立場であるため、「治療」という表現はそぐわない。

　仮に、「治療」という言葉を使用した場合、「治す人」と「治してもらう人」という関係性になることで、生きづらさに関わる主体がカウンセラーになり、結果としてクライエントの主体性が奪われてしまう。そのため、ホロニカル・アプローチによる心理社会的支援では、「治療」という言葉をなるべく使わないように意識している。

••

子ども虐待の解決の糸口

　子ども虐待への支援では、原因探求が問題解決に必ずしも至らないことがほとんどである。むしろ原因分析に関係なく、これからの安全・安心に向けて具体的対応を模索していくうちに、これまでの問題が解決してしまうことが少なくない。

　不適切な養育をする保護者を問題として弾劾しようとする社会よりも、保護者の弱みを知り、多問題を抱える危機家族ごと適切に包摂していく力をもったローカルな場を創りあげる方が、思いのほか子ども虐待の解決のための早道であることが多い。内的世界だけを対象とするのではなく、人が生きる場ごと適切な居場所としていく方が、より本質的で永続性のある変容をもたらすことができるといえる。

　個を中心とした視点だけでは、虐待を受けた子どもが被害者で、虐待をした保護者が加害者という単純図式に陥りがちである。しかし、子ども虐待への支援に関われば関わるほど、加害者と思われた保護者が、いかにこれまでにさまざまな被害を受けてきた者であったかや、実際に、地域社会から排除されて孤

立無援状態にあったりすることを思い知ることになる。また、地域社会の人々の多くが、子ども虐待などに典型的に現れる多問題を抱える危機家族に対して、「問題の人」「問題の家庭」として、いかに冷淡でかつ排除的であるかも肌で感じることになる。

　ホロニカル・アプローチのように、内的世界だけではなく外的世界を含んで"こころ"の問題を積極的に考える立場は、「社会が悪い」とか「社会病理の問題だ」ということを主張したいわけではない。また、加害者の社会的責任を免除すべきだと訴えているわけでもない。個人の問題、家庭の問題、地域社会の問題、現代日本の問題など、どの次元のどのような問題を一つ取り上げたとしても、そこには多層多次元にわたる問題がホロニカル的に包摂されていると考えることが重要である。

　そのため、子ども虐待問題に携わる支援者は、ある一つの問題には、多層多次元にわたる問題が包摂されているというホロニカル的視点に立って、問題を特定の原因に帰するような単純な因果論に陥るのではなく、ある人の抱えるある問題を、誰もが共有可能な苦悩と捉え直すことが求められる。より生きやすくなる人生の道を共に発見・創造していくための共同研究的協働の場を創りあげようとする姿勢こそが、子ども虐待の解決の糸口になると思われる。

実践のポイント

　子ども虐待事例を理解するためには、一度、面接室から出て、実際の家庭や地域社会に足を運んだ方がよい。子どもたちが生活する環境は、私たちが想像する以上に劣悪である。こうした現実を身をもって知ることは、自己と他者の境界、意識と無意識の境界、現実と空想の境界、公私の境界の混乱が、いかに外的世界の混乱と密接に絡み合っているのかを理解するよい機会となる。こうした体験の累積は、事例の見立てや支援計画を大きく変えていくほどの可能性すら含んでいると思われる。

　八重山諸島のある島に「あんたは産みさえすればいい。あとは島が育てる」という保育所の園児募集の看板があった。子どもに思わず手をあげてしまう親たちがこの看板を見たら、どれだけ救われることだろうか。保護者自身があたたかい"島のこころ"に包摂されるとき、それは体罰を思いとどまる力になると思われる。虐待を受ける子どもも、思わず不適切な養育をしてしまう保護者も、すべてをやさしく包み込むような文化がしっかりと根付いている地域社会に生きられることが何よりも大切なことである。[5]

❸ ホロニカル・アプローチによる共感の再考

子ども虐待への支援における共感[6]

　対人援助の基本は傾聴であり、そこで重要となるのは共感である。カウンセリングマインドの普及とともに、共感を重視する考え方は支援者に根強いと思われる。しかし、子ども虐待への支援では、共感的に傾聴するだけではうまくいかない。

　自他境界の明確なクライエントと、不明確なクライエントでは、会話の受け取り方が異なる。前者では、カウンセラーが共感的に反射していくことで、クライエントは自らが語った内容を対象化し、自己洞察を自律的に深めていくことが可能である。しかし、後者の場合、共感は、クライエントがカウンセラーを理想化して過度に依存的になり、自他融合的な一体化を促進してしまい、かえって逆効果になってしまう。

　子ども虐待の困難ケースの場合、発達段階として自他境界そのものが不明確な被支援者が少なくない。こうしたケースでは支援者がどんなに共感的理解に徹しようとしても、些細な言葉の言い換えや微妙な仕草に過敏に反応し、支援者の少しの意見や提案から激しい怒りが湧き起こることになる。こうした折に、支援者にとって必要なのは、十分に共感できていない自分自身に過剰に自罰的になることでもなければ、逆に被支援者の言動に過剰に外罰的になることでも

ない。むしろどんなに共感を心がけていても、支援者も他者である限り、共感
しきれない限界をもった存在でもあることを自覚することの方が肝要となる。
その上で、被支援者と支援者との不一致に関する傷つきに真摯に対峙し、それ
でも理解し続けようとする者として、そこに居続ける力を身につけることが大
切といえる。

　共感ができていないときには、あたかもわかったような態度をとらないこと
が大切である。やはり当事者自身が当事者のことを一番理解できる存在である
ことを尊重し続け、支援者はむしろいつも「無知の知」の立場にあることを自
覚し、常に謙虚な姿勢を貫くことが重要といえる。

実践のポイント

　当事者自身がわからないことを、支援者があたかもわかるかのように振
る舞うことは、非常に危険な行為である。また、支援者がどうしても腑に
落ちないときには、「○○という意味なの?」「○○というところがもう一
つわからないんだけど」と支援者が理解しようとし続けている方がよい
といえる。お互いにわかり合え、一致することを求めつつも、一方では、
簡単にわかり合える関係でもないことを自覚することがお互いに大切で
ある。

ホロニカル・アプローチにおける共感

　「共感」を重視する考え方は、日本ではロジャーズの来談者中心療法が紹介
されてから広がった。こうした共感について、ホロニカル・アプローチでは、
「カウンセラー側にクライエントに対して共鳴的反射と鏡映的反射が同時に生
じてくる現象」[7]と捉え直している。共感とは、クライエントの直接体験とカウ
ンセラーの直接体験が一となるような関係になったとき、自ずと場から創発さ
れてくるようなものであり、共感しようとしてできるものではない。

　共感とは、カウンセラーにとっては、クライエントの世界が「あたかも自分
自身のものであるかのように感じ取りながらも、あくまで自分のものでもない
とき」であり、同情でもなく、同一化でもない。クライエントの直接体験に感

情移入的に共鳴しているが、同時に、鏡映もしている状態である。クライエントは、共鳴的であり、かつ鏡映的なカウンセラーの応答を得て、この世界で唯一固有の自分でありながらも、「今・この瞬間」をカウンセラーと共に生きている自己の存在を実感することが可能となる。

共鳴的反射と鏡映的反射[8]

　ホロニカル・アプローチでは、クライエントの言動に支援者が応答するとき、観察主体が観察対象を分析・識別することを強化するための応答を「鏡映的反射」とし、観察主体が観察対象を直覚することを強化するための応答を「共鳴的反射」として両者を区別する。

　共鳴的反射は、内我の成立や強化を促進し、鏡映的反射は、外我の成立や強化を促す。自己は、自己と世界の不一致・一致の直接体験を、適切に共鳴的に反射したり、適切に鏡映的に反射したりする他者を得て、適切な内我と外我を発達させることができる。これは通常、乳幼児期の子どもに対して、適切な保護者であれば、何気なく日頃からやっていることである。逆に言えば、適切に共鳴したり鏡映したりしてくれる他者がいないと、適切な現実主体（内我と外我）が育たない。

　心理社会的支援の文脈でいえば、鏡映的反射を怠ったり、共鳴的反射ばかりを強調しすぎたりすれば、クライエントの主体的な気づきは、その途端に、自他融合的で誇大的万能的な要素を帯びたり、主体的気づきへの高揚感が委縮し、無力化して他者に奪われてしまったりすることになるといえる。

実践のポイント

　「共鳴」と「鏡映」は、同時に生じてくるものだが、この両者を区別してカウンセラーが応答することで、共感が深まっていく。「共鳴」とは、カウンセラーとクライエントの感情が一致する方向に向かって、共に響き合っていくものである。このときカウンセラーは、クライエントが感じている感情があたかも自分自身のものであるような感覚になる。
　その一方で、「鏡映」とは、カウンセラーがクライエントにとっての鏡

となるということである。カウンセリングでは、鏡が像を反射して返すように、相手が伝えてきたものを反射して返す応答の型を「反射」と呼んでいる。例えば、クライエントの「すごく嫌だった」という言葉に対して、〈すごく嫌だったんだね〉と返すのが「鏡映」の例である。

「共鳴」は、カウンセラーとクライエントの境界がなくなり、あたかも一つになっているような感覚であるが、「鏡映」は、両者の間に鏡を置くことで境界が保たれているような感覚のものである。両者を意識した応答のバリエーションは多岐にわたり、これらの絶妙なバランスでホロニカル・アプローチによる心理社会的支援は進展していく。

不一致を大切にすること

共感とは、誰かにしてもらうことを求めるようなものでもなければ、逆に、誰かにしてあげるものではない。そうした共感は、「幻想的共感」といえるだろう。「幻想的共感」を求める人は、共感されないことに一層深く傷つき、憤怒することになる。また、共感しようとする人は、共感しきれない自分に傷つき追い詰められ絶望することになる。気をつけなければならないことは、共感は協働作業の場から生まれてくるものだということである。決して「してもらうもの」でもなければ、「するもの」でもない。

心理社会的支援において、支援者は、阿弥陀仏でも観音菩薩でもなければキリストでもない。煩悩だらけの凡夫に過ぎない。共感は、自・他の断絶の現実を実感・自覚する者同士が、それでもその溝を共に埋めていこうとする共同研究的協働関係の場から湧き上がってくるものとしてある。共に真摯にお互いの不一致の現実を受容し合い、それでも共に一致を求め合っていく協働作業のうちに、あるとき一瞬、突然のようにして場の中に生まれくるものである。まさにその瞬間にそれぞれの自己を超えた何かを感じるのである。共感とは、被支援者と支援者が共に苦悩に向き合いながら、よりよき人生の発見・創造を求めて共同研究的協働作業をしている場の中から、自然のはからいのように布置してくるものと考えられる。

実践のポイント

　カウンセリングでクライエントとカウンセラーの一致だけを求めてしまうと、クライエントはカウンセラー以外の対人関係における不一致への耐性を失うことにもなる。クライエントとカウンセラーの関係が、一瞬・一瞬で共感的関係と共感不全関係になるという現実体験を通じて、まさに自己は、両体験のずれと一致のせめぎ合いの中に自己と世界の一致を求めて自己組織化が生起する。そのため、クライエントとカウンセラーの共感的一致と共感不全の不一致を共に丁寧に扱うことが非常に重要になる。

傷ついた癒し手[10]

　支援者は、目の前の人に対して、支援の初期段階に「傷負い人」というイメージを抱く。この段階で被支援者は、支援者を「治してくれる人」として認知し、「救済者イメージ」や「治療者イメージ」を投影してくる。これは、相談構造に工夫を凝らしたところで排除することは難しい。結局、当初の面接関係には、相手がこの投影をしてくる以上、支援者の意図とは関係なく上下関係が生まれてしまう。これは、心理社会的支援の前提が「相談する側」と「相談される側」に分裂した関係から成立している以上、避けることができないことである。

　しかし、こうした面接関係は、両者の関係が深まってくると微妙に変化してくる。すなわち、支援者側にも、被支援者の傷に触れているうちに、「自らの心の傷に触れるもの」を感じ、「自らも傷ついたヒーラーである」とのイメージが湧き上がってくるのである。この「内なる傷のイメージ」が、被支援者に感情移入的に投影されたとき、共感的な感情が生じてくることになる。このとき、被支援者側は、支援者に抱いていた理想化されたヒーラー・イメージから、目の前の支援者もまた一人の傷ついた人間であるという現実に引き戻されることにもなる。この支援者自身が自らの心の傷に積極的に取り組むことと、そうした支援者の姿勢を被支援者自身も取り込む作業の繰り返しが、被支援者自身の「内なるヒーラー・イメージ」を次第に触発させていくことになる。訓練された支援者ならば、その「内なるヒーラー」と常に意識的な同盟関係を維持しながら、「IT（それ）」の創造的表現活動に向かって被支援者に寄り添いながら伴走していくことになる。

　心理社会的支援とは、人生の最終目的地に向かって共に傷負い人として歩んでいく過程に他ならない。このとき二人がその目的地の方向を見ず、まともに正面を向き合って対峙してしまえば、身動きが取れなくなってしまう。ある目的地を共に見つめていくことで、前に進むことができる。「共に人生の傷負い人としてより豊かな人生を求めて歩んでいく〝こころ〟」こそ、カウンセリングマインドと呼ばれるものではないだろうか。

第4章

ホロニカル・アプローチの見立て

❶ 事例4 ── 第4段階（他律）と見立てた場合の支援

　最近になって、何かにつけ実母（60代後半）の言動にイライラして当たり散らしてしまうことに悩んでいる女性（30代）に対してカウンセリングを行った。クライエントは、はじめの数回の面接の中で、自分でも理不尽だと思いながらも実母に当たり散らしてしまうことを率直に吐露し、そうした行為自体に強い申し訳なさを口にするなど、複雑な胸の内を語った。内省しながら自発的に語り続けるクライエントに対して、カウンセラーは支持的傾聴に徹した。こうした流れの中で、「つい過保護で過干渉になってしまう」と、小学3年生になる娘との関わり方が話題にあがってきた。そのときクライエントは、自分自身が小学3年生だったときのある場面を思い出したようであり、「よく覚えていないけど悪いことをしたらしくて母に叱られた」と語りだした。

　このときカウンセラーは、面接中のクライエントの観察主体（主語の立場にあたる外我）は、面接の流れの中の「今・この瞬間」に、小学3年生のときの記憶が布置した内なる自分（述語の立場にあたる内我）を、ふと観察対象として想起したと見立てた。また、クライエントの観察主体には、自ら内省・分析・洞察する力があり、ホロニカル・アプローチのABCモデル（第2章参照）でいうところの適切な観察主体（C点）の位置を自力で維持できる人と見立てた。しかし、その語り方からは、「いい歳をした大人が、まるで子どもみたいにいつまでも年老いた親を批判しているのはおかしい」といった価値観を、一般的常識（既知のホロニカル主体：理）として内在化していると

見立てることができた。クライエントの外我が実母に当たり散らす自分（内我）に批判的なため、クライエントの小学3年生時に抱いた気持ちは抑圧され、その結果、クライエントの内我は強い罪悪感を抱いたままになっていると了解された。こうした自己の段階は、後述する自己意識の発達段階でみると第4段階（他律）レベルにあたると考えられた。

そこでカウンセラーは、クライエントの観察主体と同じような批判的態度にならないように留意しながら、クライエントに対して〈よく覚えていないけど悪いことをしたらしいのですね〉と要約反射したあとに、〈お母さんに叱られたそのとき、どんな気持ちになりましたか？〉と質問し、面接時のクライエントの観察主体が、内我の気持ち（非言語的な感情・気分・情動・身体的感覚等を含む）を観察対象とするようにした。この質問により、この出来事に対してクライエントのどのような感情・気分・情動が抑圧されたままになっているのかの直面化を図った。すると、クライエントは、「なんで母が怒っているのか、よくわからなかった。でも、きっと何かいけないことをしてしまったんだと、とてもショックで落ち込んだことを今でも覚えている」と率直に語った。それに対してカウンセラーは、〈お母さんに叱られて、とてもショックで落ち込まれたんですね。でも、なぜ怒られたのか、いまだにその理由がわからないままなのですね〉と、内我の立場に立って支持的に対応した。すると、クライエントは「とてもつらかった」と一気に涙を流しながら、思わず握りこぶしをつくった。そこでカウンセラーは〈小学3年生のときのあなたにとっては、どんな理由でお母さんに叱られているのかわからなかった。それで、とてもショックで落ち込んだばかりでなく、こんな感じがするほど（カウンセラーも握りこぶしの仕草を共鳴的に模倣）、とてもつらい出来事だったんですね〉と照らし返した。

クライエントは「ええ、とてもつらかった。どうして怒るのと……。私は何も悪いことなんてしていない。叩くのやめて……」と、今度は顔を両腕で守るような仕草をとりながら叫んだ。ここでカウンセラーは、叱責に激しい体罰が加わっていたことをはじめて理解し、〈お母さんは激しく手をあげて叩いたのですね〉と返すと、クライエントは、「きっとイライラしていたの

だろうと、今にすれば思う。その頃、暴力を振るう父と離婚するかどうかを
めぐって苛立っていたから」と振り返った。

　このセッションは、クライエントに長年抑圧してきた内我の感情の自己表
出によるカタルシス効果をもたらしたようであった。実際に、このセッショ
ン後のクライエントは、実母への苛立ちを著しく減少させるとともに、小学
3 年生の娘に対する過保護・過干渉気味の養育態度を、ほどよい距離をとっ
た言動へと変化させていった。その結果、「親も子どももそんなに思い通り
にはならないものですよね」と、クライエントなりに新しい価値観（新しい
ホロニカル主体：理）を自ら創発することができ、カウンセリングは 3 か月程
度で終了した。終了する頃のクライエントの自己発達段階は、第 4 段階（他
律）から第 5 段階（自律）に移行し始めたと見立てることができた。

　心的構造を見立てる場合、一般的にクライエントの語る内容の主語と述語の
関係は、観察主体と観察対象の関係を意味する。そこで、主語にあたるところ
に観察主体を置き、述語にあたる部分を観察対象として読み替え、観察主体や
観察対象が、ホロニカル・アプローチの概念でいえばどのような心的構造に
よって成り立っているのかを見立てていくことができる。

　事例 4 の観察主体と観察対象の関係は、クライエントの観察主体（既知のホ
ロニカル主体：理を内在化した他律的外我）自身が、実母に当たり散らす自分（イ
ライラして当たる内我）に批判的なため、観察対象となった内我の小学 3 年生時
に抱いた気持ちは観察主体によって抑圧され、その結果、内我は強い罪悪感を
抱いたままになっていると見立てることができた。

　そうした中で、カウンセラーの支持的な対応にクライエントが涙を流した瞬
間が、支援のターニングポイントだったと考えられる。このときのクライエン
トは、親に悪いことをしたという判断基準を内在化した他律的外我が背景に沈
み、クライエントの内我をサポートする形で、クライエントとカウンセラーが
一体になって新たな観察主体を構成していたといえる。まさにこの瞬間、クラ
イエントは、まだ身体的に記憶している小学 3 年生時の気分やショックだった
自己の感覚を再現的に想起し、表出することができたと考えられる。

このセッションを契機に、クライエントは抑圧されていた記憶を内我によって統合し、自己の自己組織化が促進されていったと考えられる。しかし、カウンセラーの支持的な態度によってこのような劇的な展開が生まれたのは、**事例4におけるクライエントの自己意識の発達段階が第4段階（他律）であったからである**。第3段階（幻想）レベルのケースであれば、多面的なアプローチが必要であり、その支援には年単位の時間を要する。

❷ 事例5 —— 第3段階（幻想）と見立てた場合の支援

　小学3年生の女児は、母親（30代）による虐待（体罰と食事制限等）で、近隣からの通告を受けた警察を通じて児童相談所の一時保護所に保護された。児童福祉司と母親は一時保護中に、児童相談所での面接と家庭訪問により何度も話し合いを重ねた。面接では、母親自身が子どもの頃に親（女児の祖母：60代後半）から体罰を含む厳しいしつけをされていたことが話題になった。しかし、その語り口はまるで感情が切り離されているようで、苛酷な生育歴は、淡々と失感情的に語られた。それに対して、子どもへの虐待については徹底的に否定し、子どもの虚言や金銭持ち出しといった問題行動に対して、「少しやりすぎたことは認めるが、厳しくしつけただけだ」と激しい感情を剥き出しにして自らの主張を続けた。

　こうした母親に対して児童福祉司は関係づくりも大切と考えて、ひとり親としての子育ての労苦などを極力ねぎらった。するとその途端、母親は、「こんな私たちを相手にする仕事は大変でしょう」など、児童福祉司の仕事を理想化するなどの言動をとった。しかしながら、わずかでも子どもへの養育態度を問題にすると、すぐに児童福祉司の仕事の価値を切り下げ、「おまえなんかに何がわかる」と見下す態度に豹変してしまった。こうした対人様式はすべて、体罰・威圧・罵声・否定による支配か服従かといったパワーゲームの再現と捉えることができた。しかもそうしたパターンは、長年、母親自身が親などの原家族や生活史の中で身につけた対人様式でもあると考え

られた。

　母親の特徴は、後述する自己発達の第3段階であり、ホロニカル・アプローチのABCモデルでいうところの適切な観察主体となるC点はまだ成立していないと見立てられた。そして、適切な観察主体の樹立のために必要となる支援者による徹底的な共同研究的協働関係の構築を図ったとしても、そうした関係性を母親自身が取り込むまでには、数年単位を要するだろうとの予測が立てられた。また子ども自身が自宅に戻ることに不安を示すとともに、子どもに愛着障害や複雑性PTSD症状が見られたため、子どもへのトラウマ・ケアの必要性があると判断された。その結果、中学校入学前までを目処に、児童心理治療施設の活用と、その間に徹底的な母子関係の修復を図る方針が、母親と子ども、児童福祉司の対話の中で何とか合意された。

　子どもの施設入所後も、母親には、施設職員とのやりとりや、家族療法や外出訓練などの場面で、不適切な幻想的ホロニカル主体（パワーゲームの原理）を内在化した内外融合的外我が、主たる観察主体としてすぐに布置した。そのため、母親の内我は、子どもや施設職員との気分が一致するとすぐに自他関係を忘れるほどの一体感を示すものの、些細な不一致に対しては、誇大的万能的な傾向をもった内我の憤怒を表出することを繰り返した。そうした中で、児童福祉司は、母親自身が過去の虐待経験の影響から、自分にとって都合の悪いものはすべて支援者を含む外界からやってくるものとせざるをえないほどの不安や恐怖感を抱いていることを感じるようになっていった。

　そこで、児童福祉司はそうした母親の不安や絶望感を否認するかのような憤怒をできるだけ包み込み、その興奮が鎮静するように抱え込む態度をとることに徹するようにした。また、祖母（母親の実母）や施設関係者が、母親の一貫性なき理想化と価値の切り下げの言動に振り回されて不必要な対立や確執を生まないように、関係者による連携が母親にとって、できるだけほどよい環境（場所）になるような調整を心がけた。こうしたネットワークづくりは、かつて母親が体験できなかった適切な保護的対象との愛着形成とその内在化のやり直しという意味づけがされた。

　母親の白黒主義や、「全か無か」の思考の傾向は、ABC モデルでいえば、C 点なき A 点と B 点の直接の「行ったり・来たり」にあたる。そうしたパターンは、児童福祉司ばかりでなく、子どもや施設関係者や祖母に対しても執拗に何度も繰り返され続けた。それでも児童福祉司は、根気よく、その都度 A 点と B 点の「行ったり・来たり」の特徴を小物を使って外在化しながら、母親自身が自分の特徴を、児童福祉司との共同研究的協働関係による適切な観察主体（C 点）から俯瞰できるように支援し続けた。

　その結果、母親は、A 点（自己違和的体験）と B 点（ホロニカル体験）を「行ったり・来たり」している自分自身を、適切な観察主体である C 点から内省的に観察するようになってきた。すると、次第に子どもへの虐待的言動を控えるようになるとともに、周囲のサポートをほどよく受け入れながら養育を行うようになった。また、施設内で行われた定期的な母子関係修復のための母子合同の家族療法や外泊や宿泊体験もスムーズに実施できるようになった。そして、目標であった中学校入学前に子どもは家庭復帰することができた。家庭復帰後も、児童福祉司の定期的な家庭訪問やスクールカウンセラーによる面接を母親自ら活用するようになり、ときどき激しい親子喧嘩をすることはあっても一時保護に至ることなく過ごせるようになった。

　事例 4 と 5 は、同じ家族構成のケースであるが、観察主体と観察対象の関係性や、自己意識の発達段階が異なるため、見立てもアプローチも大きく異なってくる。

　第 4 段階（他律）レベルと見立てられた事例 4 は、自己内省・自己洞察ができるクライエントであり、防衛機制は抑圧が中心であった。その一方で、第 3 段階（幻想）レベルと見立てられた事例 5 は、否認・隔離などの問題を抱えていた。事例 4 の場合、ホロニカル・アプローチの ABC モデルでいうところの C 点がある程度成立しているため、受容・共感をベースとした支持的な支援による洞察・内省を中心とした対応で変容が見込める。しかし、事例 5 の場合、内的世界ばかりではなく外的世界の環境調整も図りつつ適切な観察主体が成立するまでには、年単位の支援が必要になる。

　どのようなアプローチが有効であるかは、事例の見立てによって変わってくる。実際に、子ども虐待の事例で出あう保護者などは、観察主体と観察対象の関係性について、自己意識の発達段階としては、第3段階以下のケースが多いと思われる。既存の心理学の理論や技法は、第4段階以上のクライエントを想定している場合が多いため、子ども虐待のような困難事例に対してどのようなアプローチによる支援を行うのかの検討にあたっては、ホロニカル・アプローチの自己意識の発達論に基づく丁寧な見立てを行うことが重要である。

❸ ホロニカル・アプローチの見立ての特徴[2]

発達論的見立て

　ホロニカル・アプローチでは、生きづらさに対して、医学的な病理や疾病・障害の分類や診断とは異なる心理社会的な立場からの見立てを行う。ホロニカル・アプローチの見立てには、従前の見立て論と比較すると次のような特徴がある。

---

①静的というより動的。
②見立ててから支援方法を選択するのではなく、見立てながら支援方法を臨機応変に変えていくなど、見立てと支援方法が常に一体的。
③支援者が場の影響などをノイズとして排除し、当事者自身が抱える問題を見立てる因果論的視点からの見立てではなく、支援者や場の影響を含む複雑な現象をできるだけそのままに見立てる。

　ホロニカル・アプローチでは、生きづらさには、観察主体と観察対象の関係をめぐる悪循環パターンがあると考える。悪循環パターンは、どのような観察主体から自己と世界をどのように観察対象としていると悪循環するかのパターンを、何か具体的な出来事で明らかにするとわかりやすくなる。また、執拗に反復する悪循環パターンを見立てるためには、後述する「自己意識の発達段

階」仮説を積極的に活用すると、悪循環パターンの大枠をよりつかみやすくなる。

　基本的に、発達段階の変容には、年齢による成熟・成長が影響する。しかし、大人でも外我と内我による反応の仕方に、とても低い発達段階が出現することがしばしばある。特に、心的危機を示すときや、頑固な問題に向き合うとき、途端に自己意識の発達段階がより低い段階を示す頻度が高くなる。つまり、自己は常に異なる発達段階を重層的に内包していると考えられる。したがって、発達段階を活用した見立てを行う際には、心的危機に陥った場合、普段の場合、もっとも高い段階を示す場合など、各段階の出現頻度を社会的文脈との関係を含んで見立てることが望ましい。もっとも高い段階がときどきでも出現する場合は、変容可能性が高いと見立てることもできる。

　子ども虐待のような深刻な問題であれば、より低次の発達段階が出現してくる頻度が高くなる。しかし、こうした場合でも、ある層またはある次元の悪循環パターンをめぐる自己意識の発達段階がより高次の段階に移行すると、他の層や他の次元の悪循環パターンの変容を促進する現象がみられる。これは"こころ"がホロニカル性をもっているからであるといえる。そのため、ホロニカル・アプローチの見立てでは、ある層、ある次元の発達段階を「自己意識の発達段階」を活用して見立てることからスタートする。

場の見立て

　生きづらさを抱えている人を見立てるとき、個人を問題とする視点ばかりでなく、生活の場も併せて見立てることが重要である。特に、子ども虐待対応のように、家庭、地域社会、学校や職場など生活の場に根差した支援を行う場合、支援者自身が生活の場における臨場感を実感しながら見立てることが可能である。このとき、支援者と他者との関係性や風土・文化・歴史などを包摂する場の全体を、自由無礙に俯瞰しながら見立てることが大切である。さまざまな要因が複雑に絡み合って場が乱れ、複数の問題がドミノ倒し現象のように起き始めているときなどは、個々の事例の中に包摂される場のもつ悪影響を明らかにし、場自体の変容を図ることが非常に重要になってくる。

　実際のところ、危機家族に対する地域社会（場所）のもつ「社会包摂的ケア能力」には、差異があるのが実態であろう。そのため、親子分離の必要性など、子どもの要保護性を高めてしまう要因には、子どもや家庭の要因だけではなく、地域社会のもつ「社会包摂的ケア能力」が大きく影響してくる。同じ危機水準にある家族に対して、ある地域では、要支援児童として在宅のまま子育て家庭支援的対応などの地域処遇が可能となり、別の地域では、要保護児童として児童福祉施設利用になることがありうるのである。

　よりよき児童福祉推進のためには、まずは地域社会における子育て家庭への在宅支援対策の充実・強化が図られる中で、要保護性の高い児童に対する社会的養護の対応が行われるべきだと考えられる。子育て・家庭支援対策の充実なき社会的養護対策の強化は、地域社会からの危機家族の排除の論理を強化し、ますます地域社会のもつ社会包摂的ケア能力を弱体化させる危険性があるといえる。

実践のポイント

　子ども虐待対応のような生活の場に近いところでの支援では、当事者の抱える生きづらさに対する意見が錯綜し、場合によっては激しい対立が展開することすらある。〈子どもの気持ちの問題だ〉〈いや、発達障害ではないか、病院受診した方がよい〉〈周囲の対応が悪い〉など、診察室や面接室などの面接とは異なり、喧噪の場と化することも少なくない。それだけに、生活の場に近づけば近づくほど大切になるのは、被支援者－支援者関係を脱統合して、当事者を囲む場を共有する人たちが共に問題解決に向かって歩む共同研究的協働関係を構築することである。つまり、場づくりとしてのフレームワークこそが支援の最大のポイントになるといえる。

❹ ホロニカル・アプローチの発達論[3,4,5]

自己意識の発達とは

　発達論には、さまざまなものがあるが、統合的な視点に立って適切な心理社会的支援を行うためには、ピアジェに代表される思考・認知の発達論と情緒的発達論などを再統合する必要に迫られ、ホロニカル・アプローチにおける自己意識の発達論が生まれた。ホロニカル・アプローチでは、自己は、有（生）と無（死）がせめぎ合いながら同一に存在するような絶対無（空）という場から創造され、かつ絶対無（空）という命を育む場にいつも包まれていると考える。つまり、自己とは、誕生以来、有（生）と無（死）という矛盾をはらんだ存在として場から創造されたと考える。

　自己は、すべての生成消滅の源である絶対無（空）から創造された世界と、本来は縁起的包摂関係（ホロニカル関係）にある。そうした関係にあるがゆえに、自己は世界と不一致となって対立しながらも、その世界を自己自身に映し、そして自己自身に一致させよう、包摂しようとして、自己及び世界の歴史的変容を促進しようとする。世界もまた、自己を世界自身に一致させようと世界及び自己の歴史的な変容を促進しようとする。

　このように、個的存在としての自己の生死の物語には、宇宙開闢（かいびゃく）以来の壮大な大きな物語が、個の人生に映され、かつ包摂されているとホロニカル・アプローチでは考える。

☞ **補足説明** ••

　　心理学が人生に意味のある生きた学問となるためには、「生と死」というテーマを避けてはならない。ホロニカル・アプローチの自己とは、個人内に閉じた自己などではなく、個人内を超えた超個的な存在として歴史的に自己組織化される場所的存在だと考える。

　　場所的自己という観点から「生と死」について考えるならば、場所的自己が生きる場所の無秩序や秩序などを自己自身に映し、それを包摂しつつ、

場所的自己自身を発達させながら生き、やがて死によって場所的自己の一生を終えると考えられる。このように、場所的存在としての自己は、場所を共にした人の記憶に残る存在として一生を終え、場所と自己を創成した場そのものに還ると考えられる。

●●●

自己意識の発達プロセス

ホロニカル・アプローチでは、自己と世界の出あいの不一致・一致を繰り返す中で、あるがままに観察対象を直覚する現実主体としての内我がまず先行して形成され、その次に観察対象を識別・区別する現実主体（外我）が形成されてくると考える。こうした自己意識の発達プロセスには、図9に示すような質的に心的構造の異なる六つの段階が想定される。なお、図における┄┄┄は境界の曖昧性を意味する。世界（自己）の表記は、自己と世界の不一致の直接体験を観察主体寄りに意識している状態を示し、自己（世界）の表記は、自己と世界の不一致時の直接体験を観察対象寄りに意識している状態を意味する。

第0段階：ゼロ・ポイント

自己と世界の誕生前の段階である。自己と世界が誕生する絶対無（空）の場である。

第1段階：混沌

場所的自己と世界の不一致・一致の直接体験における自己と世界の関係が、まだ無境界的混沌にある段階である。胎生期から乳児期前期の混沌段階では、場所的自己が生きる場所といつも共振的共鳴的に一致するとは限らない。その結果、場所的自己と場所が一致するときには、自己にとって生きる場所は「天国」そのものであり、不一致のときには、「地獄」そのものとなる。第1段階では、天国と地獄が絶え間なく繰り返されると考えられる。なお、このときの場所的自己（乳児）が生きる場所とは、通常、養育者を含む養育環境を意味し、場所的自己にとっては、場所と融合したものとして体験されていると考えられる。

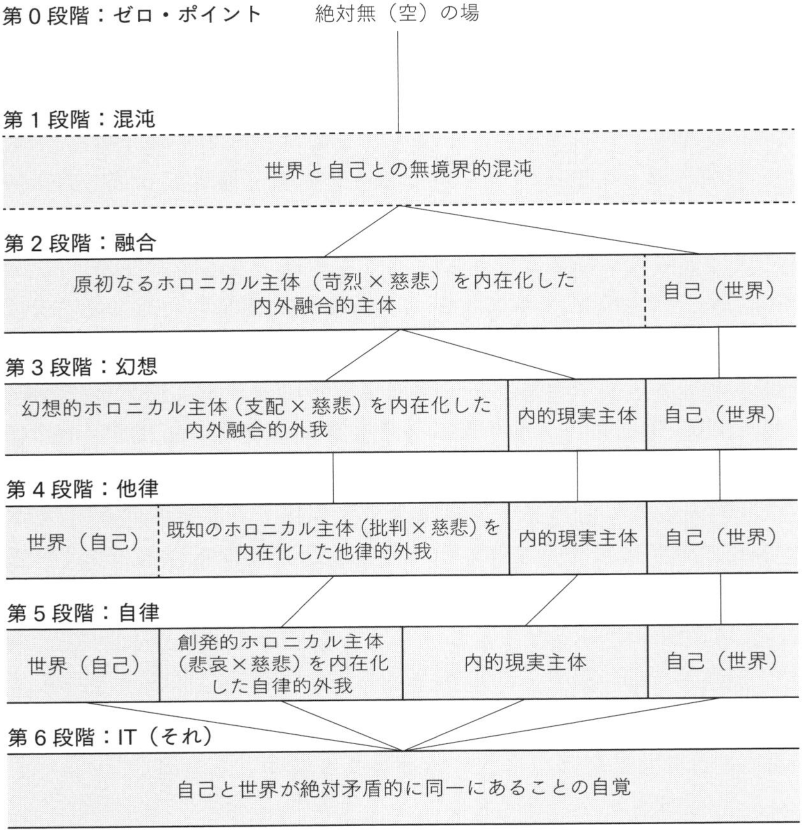

第0段階：ゼロ・ポイント　　絶対無（空）の場

第1段階：混沌

世界と自己との無境界的混沌

第2段階：融合

原初なるホロニカル主体（苛烈×慈悲）を内在化した 内外融合的主体	自己（世界）

第3段階：幻想

幻想的ホロニカル主体（支配×慈悲）を内在化した 内外融合的外我	内的現実主体	自己（世界）

第4段階：他律

世界（自己）	既知のホロニカル主体（批判×慈悲）を 内在化した他律的外我	内的現実主体	自己（世界）

第5段階：自律

世界（自己）	創発的ホロニカル主体 （悲哀×慈悲）を内在化 した自律的外我	内的現実主体	自己（世界）

第6段階：IT（それ）

自己と世界が絶対矛盾的に同一にあることの自覚

図9　自己意識の発達プロセス

☞ 補足説明 ••

　誕生後数か月の段階は、意識の中心といえる現実主体はまだ核すらなく、すべては感覚運動的に直覚され、自己と世界、内界と外界、意識と無意識、自己と非自己（世界や保護者など）の境界も混沌としている。自己と世界の不一致・一致を意識する主体もない。このとき、ホロニカル主体（理）も混沌の中に包摂されている。

••

第 2 段階：融合

第 2 段階では、場所と場所的自己が不一致・一致を繰り返す中から、場所と場所的自己の不一致時に、内的世界と外的世界が融合したままの内外融合的主体（我という個の意識の前段階）が機能的に結晶化していく。この内外融合的主体は、場所と場所的自己の不一致の一瞬に創発され、たちまちのうちに泡のように混沌世界に呑み込まれてしまう。

この時期の内外融合的主体にとっては、場所はもっぱら重要な養育者を通じて原初なるホロニカル主体（理）として経験される。原初なるホロニカル主体（理）の段階では、場所と場所的自己が一致するときには、場所的自己が生きる場所は、「慈悲にあふれる世界」として場所的自己によって体験され、不一致のときは、「苛烈な世界」として体験される。原初なるホロニカル主体（理）は内外融合的主体に内在化される。

☞ **補足説明** ••

おおむね 8 か月前後までに、自己と世界の出あいの不一致・一致の繰り返しのうちに、次第に不一致の瞬間における身体的自己と身体的自己外の外的対象との触覚的差異を感知する原初の現実主体として「内外融合的主体」が機能的に結実し、その認知機能としても「対象の永続性」が獲得されてくる。

このとき、重要な保護的存在がある情動やある対象について共鳴的に共振してくれると「慈悲にあふれる世界」となり、逆に少しでも波長がずれると「苛烈な世界」となる。重要な保護的存在が「原初なるホロニカル主体（理）」として体験されており、この感覚は、現実主体が外我と内我に機能分化したあとにも痕跡として残る。この時期から、重要な保護的存在によって陰の世界と陽の世界が相反しながらも同一にある直接体験がほどよく包摂されれば、世界への基本的信頼が獲得され始める。

••

第3段階：幻想

第3段階になると、内外融合的主体は、場所と場所的自己が不一致・一致を繰り返す中から、場所的自己内に、身体的自己同一性を直覚する統合機能をもった「原初の内的現実主体（内我）」を結晶化させる。このとき、原初の内我にとって、場所的自己と一致の快をもたらす対象は、すべて場所的自己が独占しているものという感覚をもたらす。逆に、原初の内我にとって、場所的自己と不一致の不快となるものすべては、原初の内我からは分裂・排除され、非自己化なるものとして外界に映され、幻想的ホロニカル主体（理）を内在化した外的現実主体（内外融合的外我）が形成される。幻想的ホロニカル主体（理）の段階では、場所と場所的自己の一致は「慈悲にあふれる世界」となって場所的自己に体験され、不一致のときは、外我の認識力の変化に伴って「支配的な世界」として体験される。

☞ **補足説明** •••

　おおむね3歳前後までに現実主体は、外我と内我に機能分化を始める。まず外界に適切な保護的対象を得て適切に自己自身を照らし返された自己は、自己と世界の不一致・一致をめぐって瞬間・瞬間に生成消滅する断片的な直接体験のすべてが、同じ身体的自己における現象であるという表象をもち始める。その結果、内我が外我に先行する形で「原初の内的現実主体」が結実し始める。

　3歳前の内我は幻想的な非言語的表象活動が中心的である。この段階では、外我に先行して成立した「原初の内的現実主体」によって意識される世界が内的世界のすべてとなり、それ以外は、非自己なるものとして外界にすべて分裂・排除される。その結果、「原初の内的現実主体」は、誇大的で万能的な様相を帯びる。分裂・排除されたすべては内外融合的外我を形成する。この時期のホロニカル主体（理）は、幻想的な非言語的イメージや表象活動が中心であり、内外融合的外我に内在化される。その結果、自己と世界が一致のときには、自己と世界が一体化して天国となるが、不一致のときには、「原初の内的現実主体」にとって都合の悪いことのすべ

ては、自己自身が憤怒を抱いていたとしても、外界に憤怒が投影されてしまい、あたかも外界から支配してくるようなものとして迫害的に体感される。

・・・

第 4 段階：他律

第 4 段階では、内外融合的外我は、場所と場所的自己が不一致・一致の繰り返しの中で、場所的自己が所属する社会の既知の理（ホロニカル主体：理）による物事の識別基準を積極的に取り込みつつ、自己（内的世界）と非自己（外的世界）とを識別する認知能力をもった外我に脱統合されながら発達していく。そうした外我に対して、内我は、自己と世界の不一致・一致のさまざまな直接体験を統合的に直覚する役割を担うように発達していく。既知のホロニカル主体（理）の段階では、場所と場所的自己が一致のときには、場所的自己にとって生きる場所は「慈悲にあふれる世界」として体験され、不一致のときは、外我の認識力の変化に伴って「批判的な世界」として体験される。既知のホロニカル主体（理）は他律的外我に内在化される。

☞ **補足説明**・・

　おおむね 3 歳前後以降、言葉による象徴的理解の発達とともに内外融合的外我は、他律的外我と非自己化された外界（世界）の二つの世界に識別されるようになる。その後、他律的外我は、言語を媒介とする自己が所属する文化の既存の価値の影響を受けた既知のホロニカル主体（理）を、思考能力の発達とともに内在化していく。こうして言語による森羅万象の認識や識別が外我の中心的な活動になっていく。ごっこ遊び、○○のつもりになるといったことが可能になり始める。

　2 歳半から 3 歳の子どもは、大小・長短・美醜などの二次元的比較ができるようになると、内我を観察対象とする他律的外我が芽生えだす。すると、自己自身を他から識別して実感・自覚するようになり、「私」という主語的意識が芽生えてくる。こうした主語的主体的意識の目覚めは、第一

反抗期をもたらす。ただし、思考の能力は前論理的で直観的であり自己中心的である。

　7歳から9歳くらいになると、具体的事物についての論理的操作ができるようになる。それに伴い、それまでの自己中心的な思考から抜け出す脱中心化が進み、ちょっとしたルールや他者の視点から物事を理解することができるようになる。こうして他律的外我は、既知のホロニカル主体（理）を取り込みつつ、内我を自己制御しながら、さまざまな出来事の関係や体系に関する認識を深めていく。ただし、その生き方は既知のホロニカル主体（理）に対して受動的である。

第5段階：自律

　第5段階になると、場所と場所的自己の不一致・一致の繰り返しの中で、外我は、内我との内的対話を通じて、内的世界（自己）と外的世界（世界）の不一致・一致がより一致する方向に、自己及び世界を変えようとしていく。それは内的対象世界においては、既知のホロニカル主体（理）を内在化する外我と、自己と世界の不一致・一致の直接体験を統合的に直覚する内我との葛藤という形で展開する。特に、言語や記号による抽象的な論理の操作能力を獲得する思春期に葛藤は先鋭化し始める。

　そうした認知能力が獲得されるのは、外我自身がこれまで内在化していた既知のホロニカル主体（理）が、内我にとってむしろ生きづらさをもたらす場合もあることに気づくようになるためである。これまで外我によって制御されていた内我が、自己と世界の出あいの不一致・一致の直接体験を自己照合の手がかりとして自己主張し始めたといえる。すると、次第に他律的外我は、内我と適切な対話軸をもった自律的外我に時間経過の中でゆっくりと移行していく。そして、自律的外我は、より生きやすさをもたらすような新たなホロニカル主体（理）を自ら創発するようになる。

　創発的ホロニカル主体（理）の段階では、場所と場所的自己が一致するときには、場所的自己にとって生きる場所は「慈悲にあふれる世界」として体験さ

れ、不一致のときは、外我の認識力の変化に伴って「悲哀の世界」として体験される。創発的ホロニカル主体（理）は、自律的外我に内在化される。

☞ **補足説明** ••

　　思春期頃になると、言語や記号による抽象的な論理の操作能力を獲得し始める。そうした能力の獲得とともに自己は、既知のホロニカル主体（理）が、内我にとってむしろ生きづらさをもたらす場合もあることに気づくようになる。他律的外我に自己制御されていた内我が、自己と世界の出あいの不一致・一致の直接体験を自己照合の手がかりとして自己主張し始めたといえる。

　　こうした変容は、第二次反抗期と言われる混乱を一時的に引き起こす場合もあるが、適切な自己意識の発達が保障されれば、自ずと新しいホロニカル主体（理）が創発されはじめ、外我は他律から自律に移行していく。新たなホロニカル主体（理）は、高次化すればするほど限りなく、「IT（それ）」に近づく。

••

第6段階：IT（それ）

　その後、場所と場所的自己の不一致・一致の繰り返しの中で、場所的自己は、場所的自己そのものを創造した生死の場である絶対無（空）との一致に向かって、場所的自己自身を自己組織化していく。そして、場所的自己の究極に、場所的自己が創発的ホロニカル主体（理）を脱統合する中で、すべてを全総覧する絶対的主体である「IT（それ）」を発見する。この段階の場所的自己意識は、超個的である。「IT（それ）」は「慈悲の世界」そのものとして体験される。そして、いずれの段階にある場所的自己であっても、場所的自己そのものを創造した生死の場である絶対無（空）となる。

☞ **補足説明** •••

　　いったん「IT（それ）」を発見すると、ホロニカル体験に伴う「IT（それ）」の発見のたびに、自己と世界の縁起的包摂関係（ホロニカル関係）、"こころ"のホロニカル性や、すべての出来事が一即多にあることの実感・自覚を深めていくことが可能になる。

•••

実践のポイント

　　「ルールは必ず守るべきである」「仕事中は雑談すべきでない」など、おそらく多くの人が大なり小なり「べき思考」をもっているだろう。こうした「べき思考」による拘束から離れ、「もっと自由になりましょう」というトーンが巷ではよく言われる。しかし、ここで注意しなければならないことがある。それは、決して「べき思考」のすべてが悪いわけではないということである。

　　自覚とは実感に基づくものであり、これは「べき思考」においても同じである。実感を伴って自ら「〜すべきだ」というときは、自覚をもって自らの使命を果たそうとするときであり、むしろ奨励されることである。しかし、心的症状などの要因になると思われる「べき思考」は、内発的動機や自ら腑に落ちている実感もないまま、知らず知らずのうちに「べき思考」への服従を余儀なくされている思考パターンである。こうした場合は再度、自己点検してみる必要がある。「べき思考」のような信念は、ホロニカル・アプローチではホロニカル主体（理）として説明することができる。しかし、内我による実感との協働的な対話軸をもった外我が自ら創発した「べき思考」と、既知のホロニカル主体（理）を内在化した外我が抱く「べき思考」の二つは区別することが大切である。

発達の重層性[6]

　　自己意識の発達は、原則として、前段階が次の段階に包摂されていくプロセスだと考えられる。しかし、自己が心的危機に陥ったり、何かの障害が契機と

なったりすると、前段階に後戻りすることになる。また、“こころ”は多層多次元の顕れ方をする存在のため、ある層やある次元の発達段階と、別の層や別の次元の発達段階が異なって顕れることもある。そのため、ホロニカル・アプローチでは、発達段階を固定的に捉えず、さまざまな発達段階が重層性と幅をもって同時・併存的に出現してくるものと考える。

　自己と世界の不一致の累積体験によって形成された“こころ”の多層多次元の特定の層や特定の次元のある問題（心的症状や心的問題等）に対しては、もっとも低次な発達段階に停滞・固着したままの外我と内我をめぐる悪循環パターンを発見することができる。しかも頑固な問題ほど、外我と内我の関係をめぐる低次の発達段階の悪循環パターンが、“こころ”の他の層、他の次元にも発見されやすい。逆に、自己と世界の一致の直接体験（ホロニカル体験）後には、外我と内我のもっとも高次レベルの発達段階を確認することができる。

自己と場（生活環境）との関係[7]

　前述したように発達段階は重層的かつ幅があるため、支援者の態度や場所が異なると、まったく異なる自己の発達段階の外我や内我が出現してくる。被支援者にとっては、支援者やそのときの場所が世界を象徴するため、支援者とそのときの場所との関係が、被支援者の場所的自己に映される。その結果、自己と場との関係は、被支援者の自己と世界の捉え方に影響し、その累積が被支援者の外我と内我の形成に影響する。

　しかしながら、いずれの段階にあっても、自己意識の発達段階に関係なく、自己と世界の一致の直接体験（ホロニカル体験）は、外我と内我の一致を促進する。したがって、生活の場が安全で安心できるところであるかどうかについては、自己の発達段階がどの段階にあっても自己の最大関心事となっている。

　知的障害や重い発達障害や精神障害をもった人たちとの長年にわたる交流を通じて思うことは、人は障害の有無にまったく関係なく、いずれの発達段階においても、安全で安心できる場所さえ得られれば、幸せをいつでも体感することができることは明らかだということである。

　確かに、脳の器質障害や機能障害があると、発達段階の節目の移行でつまず

きやすく、場合によっては、次の段階の節目の移行が困難になるといえる。し
かし、そのような場合にあっても、生活の場が一貫性をもち、安全かつ安定し
ており、信頼がおけるような "ほどよい環境" である場合には、内我は、自己
と世界の一致のホロニカル体験を累積しやすく、外我との関係も一致しやすく
なり、とても豊かで安定した社会生活を送ることができると考えられる。

Episode

　子どもの見ている前で夫婦間で暴力を振るう面前 DV による心理的虐待
ケースとして警察から児童虐待通告があり、児童相談所は、両親に面接を
行った。DV を行った父親は、某有名企業に勤めるエリートビジネスマンで
あり、児童相談所での面接においても、常識的なやりとりが可能であった。

　この父親については、外我が強く働く対社会的世界に対しては、既知のホ
ロニカル主体（理）を内在化した他律的外我と、それによって制御される内
我レベルの自己で生きることができると捉えられる。その一方で、夫婦関係
のような密接な関係になると、自他の境界が融合化し、自己の発達段階とし
ては、不適切な幻想的ホロニカル主体（理）を内在化した内外融合的外我レ
ベルと誇大的万能的内我レベルにすぐさま退行してしまうことが考えられた。
この段階に自己が陥ると、幻想的一体化希求と、それが叶わなかった際の自
己愛の傷つきからくる憤怒が布置し、激しく感情が揺さぶられ、DV へと発
展してしまうパターンがあることが推察された。

　このように自己意識の発達段階は、場によって異なる様相を見せるため、
ある場面だけを見て固定的に見立てるのではなく、発達の重層性について幅
をもって柔軟に理解していく姿勢が重要となる。

---

⑤ ホロニカル・アプローチにおける見立ての基本姿勢[8]

悪循環するフラクタル構造の同定

主訴とは、心的症状や心的問題を中心に起きるものである。心的症状や心的

問題があるときは、自己と世界の不一致に固定化した悪循環するフラクタル構造があるときだといえる。そのため、心理社会的支援を行う際には、悪循環構造が"こころ"の多層多次元のどこまで及んでいるのかを、被支援者と支援者が共同研究的に発見し同定していく作業から始める必要がある。そもそも悪循環パターンの最初の発見は、被支援者の観察主体と観察対象の関係を観察することからなされることが多い。

そしてそのうちに、心的症状や心的問題をめぐる観察主体と観察対象との悪循環パターンの背景には、被支援者の日頃の観察主体と観察対象をめぐる特徴的な心的構造があることが浮かび上がってくる。このとき、ホロニカル主体（理）、現実主体（発達段階によって様相が異なる）、自己（直接体験）といったホロニカル・アプローチの主要概念を使って、被支援者の心的構造の見立てが行われる。

実践のポイント

ホロニカル・アプローチでは、見立てという行為は、支援者だけではなく被支援者も行うものであると考える。すなわち、被支援者が自身の生き方について主体的に見直すことが、見立てに含まれる。支援者は見直し作業を行う共同研究者の立場といえる。あくまで見立てを含めた主たる研究者は被支援者自身である。支援者は、被支援者が自身の生き方について自己探求し、自己研究するためのサポーターといえる。

医学的診断との違い

ホロニカル・アプローチの見立ては、医学的診断と意味や目的が異なる。ホロニカル・アプローチは、被支援者が自分自身や世界のことについて見直そうとする行為を支援者がサポートするという関係からスタートする。したがって、見立ても被支援者自身が、自らの観察主体と観察対象との関係や、自らの心的構造のもつ矛盾や悪循環パターンを実感・自覚し、より新たな問題解決の道を自ら発見していくという構図になる。支援者は被支援者よりは常に無知の立場にいることをわきまえながら「臨床の知」をもって伴走する立場になる。その

ため支援者による質問も、被支援者自身が自己及び世界とどのような関係にあるのか、またどのような関係として生きていきたいのかを自ら発見・創造することを支援するものになる。

そのことを踏まえると、ホロニカル・アプローチにおける言い回し、質問の仕方、相槌の打ち方のすべてが、医療現場における治療関係とはまったく異なってくる。教師と児童・生徒の指導関係とも異なる。関係性の本質的差異がみられるからこそ、専門性の異なる行為が生まれるといえる。

見立てる方法の差異に基づく質問と応答の関係の差異そのものが、被支援者－支援者関係にも深く影響を与えていく。対人不信の強い虐待ケースにおける子どもや保護者は、支援者の質問がどのような意図に基づき、何を問題にしようとしているのかを敏感に感じ取ってくる。そのため、こうした関係の差異や見立て行為の差異の影響を軽くみてはならない。

例えば、〈ご飯を食べた？〉と、ネグレクトの危惧から子どもにリスクアセスメントの一環として質問するのと、〈最近、何かおいしいもの食べた？〉と子どもに寄り添いながら質問するのでは、その後の展開が大きく異なってくる。前者のように監視的視点からの質問をする場合、子どもからの信頼を失い、保護者との関係がより対立的になってしまう。その一方で、後者のように支援的視点からの質問をする場合、食料の確保や調理法などをめぐる支援関係を子どもと保護者と構築することへとつながっていく。

医学モデルのように、あらかじめ定められた診断基準に基づく質問と応答のやりとりをするという治療的枠組みの中で面接を行うのか、それとも心理社会的支援行為のように、被支援者がどのように課題に取り組んでおり、それがどのような影響を与えているのか、もっと別の捉え方や行動をとったり、別の視点から問題を捉え直したりしたときに、どのように変化する可能性があるのかを自己洞察・自己発見していくような面接の枠組みの中で対応するのかでは、まったく異なる展開が生まれる。

実践のポイント

　被支援者の見立てと支援者の見立ての不一致・一致が、被支援者の"こころ"の構造化や自己組織化に影響を与えていく。被支援者－支援者関係自体がクライエントの"こころ"の内外との対象関係に強い直接影響を与える心理社会的支援においては、見立てだけを支援の展開から独立させて考えることは難しく、見立てながら心理社会的支援が展開するという方が実態に近いといえる。

ホロニカル・アプローチにおける見立ての意味

　被支援者自身が心的症状や心的問題に関する要因を何に帰属させ、どのように対応しようとしているかの明確化は、実は被支援者自身の自己と世界の境界、観察主体と観察対象の関係、心的構造の発達段階、ホロニカル主体（理）の様相などの要因によって変化する。すなわち、心的構造の発達段階としては、内外融合的主体の段階か、内我と内外融合的外我の段階か、内我と他律的外我の段階か、内我と自律的外我の段階か、がある。また、認識の枠組みとなるホロニカル主体（理）の様相には、原初なるホロニカル主体（理）か、幻想的ホロニカル主体（理）か、既知のホロニカル主体（理）か、創発的ホロニカル主体（理）か、がある。また、ホロニカル主体（理）の性質は適切かそれとも不適切か、内在化されたホロニカル主体（理）同士の矛盾・対立状況がどのような状態にあるかによっても変化する。したがって、被支援者が自らの心的症状や心的問題をどのように捉え、それらにどのように対応しているかを手がかりに共感的態度でもって傾聴していけば、自ずとクライエントの悪循環する心的フラクタル構造が面接の場に顕在化してくる。星空に星座が浮かび上がるように、その構造がコンステレーション（布置）してくる。

　心的症状や心的問題を生み出す自己言及的心的フラクタル構造が、よかれと思ってこれまで試みてきている問題解決の枠組みそのものに他ならない。被支援者は、自らの力だけでは悪循環のメビウスの輪から抜け出せない。逆に、支援者の立場からは、被支援者の抱える悪循環する心的構造をしっかりと見定めることができる。だからこそ支援者は、被支援者に対して、悪循環から抜け出

すことができるような適切な俯瞰的面接構造を樹立することが可能となる。

実践のポイント

　DSM（精神障害の診断と統計マニュアル）のような操作的診断基準は、エビデンスに基づいた実践を行う上で重要である。しかし、もともと名づけることのできない心的現象に対して、見立て行為がただ医学的な判断基準による診断的な名づけだけに終始するならば、心的現象の直接体験の実存的理解から遠ざかるばかりでなく、症状形成や問題形成の発生機序の理解の手がかりを失ってしまう危険性があることを忘れてはならない。

　実際に、子ども虐待対応の現場には、医療機関に関わりながらも医学的治療だけでは対応できない問題を抱えた人が多い。そうした人たちには、ホロニカル・アプローチの見立てに基づく心理社会的支援が医学的治療と相互の信頼関係を構築し、必要に応じて連携しながら並行して実施されることによって、変容の可能性を高めることができる。特に、子ども虐待対応では、多機関多職種連携が必須であり、特定の機関、支援者だけで抱え込むのではなく、お互いの限界を自覚し、いろいろな専門家同士の信頼関係に基づく網の目状のネットワークで支えていく姿勢がもっとも大切である。

"こころ"とは何か[9]

　"こころ"を、どのように捉えるかは千差万別である。物質的存在から独立した自我、精神、霊魂・霊性と考える人もいれば、身体と不可分なものと考える人もいる。人間の意識活動と考える人もいれば、脳の作用として考える人もいる。こうした捉え方は、時代や歴史・文化によっても異なる。

　ホロニカル・アプローチでは、心身二元論的なニュアンスをもつ漢字表記の"心"と、心身一如的なニュアンスをもつ平仮名表記の"こころ"を区別する。"こころ"とは、個人内の現象であるとともに、個人内の現象に収まらない現象を含んでいる。そして、ホロニカル・アプローチにおいて"こころ"は、森羅万象とともに「絶対無（空）」から創造され、根源的には「絶対無（空）」でもあると考える。

　宇宙はビッグバンによって創造されたと想定されている。宇宙の誕生は、まだ解明されていない謎も多いが、すべてのはじまりの瞬間の前があるとしたら、それは西田幾多郎がいうところの「絶対無（空）」に相当するものだと考えられる。そのように考えると、自己や"こころ"も根源的には「ゼロ」という「絶対無（空）」から創造され、あたかもあるかのように識別され実感されているものとなる。西洋では「無」を「有に対立するもの」と捉えるが、東洋では「無」を「有無を包んだ中にあるもの」や「有無の対立をも超越して成立させるもの」と捉える。西洋哲学から東洋哲学までを背景にもつホロニカル・アプローチでは、「絶対無（空）」について、何もない虚無的なものとして捉えるのではなく、すべてを創り出す創造的なものとして捉える。

　「"こころ"はどこにあるのか」と言われれば、「どこにもない」と言うこともできるが、何かを識別したり、考えたり、判断したり、感じたりするところに、"こころ"の働きを実感することができる。すなわち、"こころ"とは「どこにもなく、どこにでもあるもの」である。ホロニカル・アプローチでは、「絶対無（空）」から生まれたという意味で、"こころ"は「絶対無（空）」でもあり、多層多次元的な多彩な顕れ方をするものでもあると捉える。

第Ⅱ部　実践編

第**5**章

危機への介入

❶ 事例6──子ども虐待の背景にあるもの

　母親は父親と離婚してから、生活に困窮する中で、小学生の子どもを懸命に育てている。家族・親戚とは疎遠であり、近くに友人もいない。地域での近所付き合いも、なるべくしないようにしている。子どもは学校での友達とのトラブルが多く、家庭でも母親の財布からお金を抜き取ったり、都合が悪くなると嘘をついたりするなどの行動上の問題がある。ひとり親家庭のため、子どもが熱を出したりすると、母親は仕事を休む必要があるが、子育てに対する職場の理解は乏しい。

　母親は幼少期に親から虐待されていた経験があり、子どもに自分の親と同じようなことはしたくないと思っている。そのため、暴力ではなく言葉で正しい行動を教えようと努力しているが、あまり効果的ではなく状況は改善するどころか悪化している。

　ある日、子どもが万引きをしたとお店から電話があった。同僚の目を気にしながらも仕事を抜け出し、すぐにお店に向かった。商品の代金はすべて支払い、ただひたすら謝り続けた結果、初犯ということもあり、警察への通報は免れることができた。家に帰ってから子どもと真剣に話し合い、「二度と万引きをしない」と約束した。

　しかし、一週間後に、子どもは再び万引きし、母親は警察に呼び出された。養育の限界を感じた母親は思わず子どもを叩いてしまった。

　「虐待をする保護者」というと、どのような人をイメージするだろうか。血も涙もない異常な保護者による特別な行為だと想像する人もいるかもしれない。しかし、虐待する保護者の大半は「異常者」ではない。また、子ども虐待を貧困や低学歴などと結びつけて考える人もいるかもしれないが、子ども虐待とは、あらゆる学歴、階層、経済状態の保護者によって行われるものであり、一部の特別な人によって行われるものではない。

　子ども虐待という危機は、保護者の要因のみによって起こるのではなく、いくつもの要因が重なったときに発生するものである。例えば、**事例6**の場合、ひとり親家庭、経済的貧困、社会的孤立、子どもの行動上の問題などの要因が重なり、悪循環となって子ども虐待が発生したと捉えることができる。叩くという行為は、子どものことが憎くて行われたわけではなく、「何とかしなければ」と必死になっている中で生じたことであり、同じような状況に陥ってしまえば、誰もが加害者になりうるものである。虐待をする保護者にも、その人なりの理由があることがほとんどであるため、ただ保護者を罰するのではなく支援を必要としている人として見る視点が必要不可欠である。

❷ 子ども虐待という危機

子ども虐待の定義

　子ども虐待とは、家族の危機である。しかし、そもそも虐待とは、どのような行為をさすのだろうか。子ども虐待への支援の現場では、「虐待」という言葉は当たり前のように使われているが、一般的には非日常的な言葉である。同じ言葉を使っていても、そこから連想するものは世代や職業などによって異なる。こうした言葉の認識のずれから話がかみ合わなくなってしまうこともあるため、まずは言葉の定義を確認することが重要である。

　日本では、2000年に成立した児童虐待防止法の中に、子ども虐待の定義がある。これをわかりやすく説明すると、①身体的虐待、②性的虐待、③ネグレクト、④心理的虐待の四つに分類される。具体的には、表1のような行為が

表1　子ども虐待に該当する行為

身体的虐待	殴る、蹴る、叩く、投げ落とす、激しく揺さぶる、やけどを負わせる、溺れさせる　など
性的虐待	子どもへの性的行為、子どもに性器や性的行為を見せる、子どもをポルノグラフィーの被写体にする　など
ネグレクト	学校等に登校させない、子どもの情緒的欲求に応えていない、食事を与えない、ひどく不潔にする、自動車の中に放置する、病気になっても病院に連れて行かない　など
心理的虐待	言葉による脅し、無視、きょうだい間での差別的な扱い、子どもの目の前で家族に対して暴力を振るう（DV）　など

虐待に該当するとされる。

　例えば、身体的虐待については、「殴る」「蹴る」は当然のことながら、「叩く」という行為も虐待である。ここで重要なのは、保護者の意図は関係がなく、あくまで「子どもの視点」から判断されるということである。保護者に悪意がなく、「しつけ」あるいは「子どものため」という善意に基づいて行われたとしても、子どもにとって有害な行為であれば虐待として捉えられる。そのため、万引きをした子どもへの指導という保護者なりの意図があったとしても、「叩く」という行為は虐待として判断される。

実践のポイント

　心理学や脳科学の研究知見によって、体罰の弊害が実証されている以上、いかなる理由があっても体罰は虐待として捉える必要がある。しかし、保護者の中には、「厳しく育ててくれたから今の自分があるし、体罰は必要なこと」という強い信念をもつ者もいる。「体罰は虐待である」という正論だけでは、保護者の行動を変容することはできない。保護者の信念について、その背景にあるものを含めて、共同研究的に共に理解していくプロセスが重要である。

「虐待」という言葉をめぐって[2]

　子ども虐待について法律上の定義がされたとしても、そのことを共有することは決して簡単なことではない。子ども虐待に対する共通理解をもつことを難しくさせている理由として、「虐待」という言葉からイメージするものが人によって異なることがあげられる。

　「虐待」という強い語感からは、残虐な行為が連想されるため、意図的な加害行為が「虐待」であると誤解されがちである。しかし、もともと「子ども虐待」という用語は、child abuse の訳語である。英語の abuse とは、ab-「逸脱した」という接頭語に use「使う・扱う」がついたものである。ab- という接頭語の例としては、abnormal「異常」があり、「normal から逸脱している」という意味である。そのため、child abuse は、「子どもの逸脱した扱い方」が本来の意味である。また、諸外国では、「虐待」を表す言葉として、マルトリートメント（maltreatment）という用語が使われることもある。これは「不適切な関わり」という意味であり、「虐待」という表現のような意図的な加害行為を想起させる言葉のニュアンスはない。

　子ども虐待を「大人から子どもへの不適切な関わり」と広義に捉えて、子どもにとって害があるか否かという視点で考えることで、保護者の意図に関係なく、子どもに悪影響があれば、「虐待」（マルトリートメント）であるとシンプルに捉えることが可能になる。このように考えると、子どものためによかれと思ってした愛の鞭としての体罰や、保護者の知識不足や無関心、貧困などによるネグレクトも「虐待」であるということが理解できると思われる。

Episode

　児童虐待通告を受けた児童相談所は、保護者に対して虐待告知を行った。すると、保護者は感情的になって「愛情をもって子育てをしているし、虐待なんてしていない」「体罰をせずに、どうやって育てればいいのか」と強く反発した。児童相談所が保護者の怒りや悲しみに寄り添いながら面接を続けると、保護者から子育てや生活での苦労について語られた。

　「虐待」という言葉をめぐる認識の違いから、虐待か否かの言い争いに巻き込まれてしまうと、保護者と激しい対立関係に陥り、支援が停滞してしまうことがある。子ども虐待への支援の目的は、虐待認定をすることではなく、子どもの安全をつくることである。そのため、支援者は、保護者に虐待を認めさせることにこだわるのではなく、保護者のことを尊重しながら、子どもの安全に焦点を当てた対話ができる関係性を構築することに注力することが求められる。

子ども虐待のメカニズム

　子ども虐待という危機が生じる要因とは何だろうか。保護者自身の虐待などの逆境体験、精神科通院歴や依存症、貧困、DV、ひとり親家庭、育児ストレスなど、虐待の原因となることをあげればきりがない。しかし、子ども虐待とは、これらの中の一つのことが原因となって起きるものではなく、①保護者の要因、②子どもの要因、③家族をとりまく要因という三つの要因が重なったときに生じるものである（図10）。

　これは逆にいえば、①保護者の要因、②子どもの要因、③家族をとりまく要因の一つでも適切に機能していれば、虐待の発生や深刻化を防ぐことができるということである。つまり、仮に、①保護者の要因と②子どもの要因を改善す

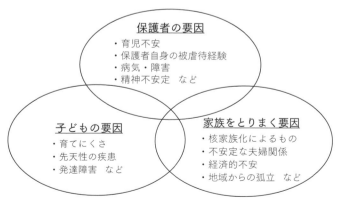

図10　子ども虐待の発生要因

ることが難しい場合でも、③家族をとりまく要因が変われば、子ども虐待の再発や深刻化を防ぐことは可能である。

「子ども虐待は、社会全体で解決すべき問題」だといわれるように、子ども虐待への支援においては、個人レベル（子ども、保護者）だけでなく環境レベル（家族、親族、地域社会、公的サービス、政治・文化）から捉える必要がある。また、リスクだけではなくストレングス（強み）にも着目することが重要である。たとえリスク要因があっても、家族のもつストレングスが適切に機能していれば、深刻な虐待に発展する可能性は低くなると考えられる。

子ども虐待への支援の特徴

子ども虐待への支援では、内的世界だけに関わるだけではなく、まずは虐待に関連する外的世界の問題をなくし、その後、心理的な課題を扱うことが求められる。プレイセラピーや箱庭療法などの心理療法は、「今・ここ」での安全・安心が確保されていることが実施の条件であり、子どもが危険にさらされている状況であれば、命を守る手段を講じることが何よりも優先される。しかし、これは「従来の心理療法は内的世界を重視し、子ども虐待への支援は外的世界を重視する」という意味ではない。外的世界と内的世界は相互に影響し合っており、「内か外か」という安易な二極化思考は避けた方がよい。

子ども虐待への支援では、子どもの適切な発達を促す安全・安心な場を保障することが重要である。また、社会全体で子どもを育むことを理念として、子どもが適切な保護的対象を内在化できるよう支援していくことが求められる。子どもの安全確保は、子どもの外的世界へのアプローチといえるが、そうした支援を通して、子どもが適切な保護的イメージを内在化していくプロセスは、まさに内的世界のテーマといえるだろう。

子ども虐待への支援対象は、「内的なもの」と「外的なもの」に明確に分かれるものではなく、「外的なもの」に「内的なもの」が含まれ、「内的なもの」に「外的なもの」が含まれるというように相互包摂関係にあることが特徴である。そのため、"こころ"を多層多次元に捉え、内的世界と外的世界を共に扱う統合的アプローチの視点が不可欠である。

実践のポイント

　いじめの被害を訴えた子どもに、気が弱い、暗い、空気が読めないなどの性格傾向があると支援者が感じるときがある。しかし、これらは被害の原因というよりも結果である可能性も考えられる。すなわち、過去に虐待などの逆境体験があり、現在、いじめのある環境に置かれているからネガティブな思考になっているかもしれない。実際に、暗い性格だと思っていた人が、学校や職場などの環境が変わることで明るくなることもあるだろう。このように「内的なもの」と「外的なもの」は相互に影響し合っているため、因果論や要素還元主義ではなく、縁起的包摂観点から見立てを行う必要がある。

❸ 事例7 —— 場面再現法による危機介入

　学校の宿題をやらずにゲームばかりをしている子どもを母親が厳しく叱責したところ、子どもは暴言を吐きながら激しく反発した。対応に困った母親は包丁を持ち出し、子どもを怒鳴りつけ、警察に電話した。警官が駆けつけると親子ともにすぐに落ち着き、大事にはならなかったが、警察は支援が必要な家庭だと判断し、過去に係属歴のある児童相談所に児童虐待通告をした。翌日、地区担当児童福祉司は母親に連絡し、子どもと一緒に児童相談所に来所するよう促した。その結果、母親と子どもに加えて、家族の協力者である母方祖母も一緒に来ることになった。

　面接ではまず、母親と子どもが感情を爆発させて警察が来る契機となった場面を振り返るために、場面再現法を行った。児童福祉司は、画用紙を使って家の間取り図を作成し、母親と子どもを小物を使って外在化し、昨日の場面を間取り図の上で、あたかも記録映画のように再現していった。再現プロセスの中で、警察が来るほどのことは今回がはじめてであったが、親子が感情的に激しくもつれるパターンには、いつも同じような法則性があることがわかり、自己相似的な悪循環パターンの存在があることを、子ども、母親、

母方祖母、児童相談所で共有することができた。しかし、いったんそのパターンにはまってしまうと視野狭窄的になってしまい、どうしてよいのかわからなくなってしまうと母親は語った。

そこで、児童福祉司は、ホロニカル・アプローチのABCモデル（第2章参照）を意識しながら、悪循環パターンに陥り感情的になっている母親をA点として小物を置いた。この際に、小物をコップの中に入れて、ドツボにはまった状態（A点固着状態）を外在化した。A点固着状態そのものを、小物を使って外在化することで、母親が視野狭窄状態に陥っている自己自身を、ほどよい心的距離を保った観察主体（C点）から観察できるようにすることを意図した。このように、母親の観察主体がA点固着状態からC点に移行するよう促進することを試みた。

次に、〈お母さんがお子さんに感情的になっているにもかかわらず、お子さんに対して暴言を吐いたりすることなく、お子さんが家庭で安全・安心に過ごすことができたときは、どのようなときですか〉と尋ねた。すると、母親が子どものいない別室に移動したり、ときには車の中に行ったりするなどして、子どもと物理的な距離をとる工夫をしているときがあることがわかった。そこで、そのときの感情について尋ねると、母親としては、「でも根本的な解決になっていないので、納得していない気持ちが強い」と主張した。しかしその一方で、「まあ宿題ぐらいやらなくてもいいかな」「意外とガミガミ言っていないときの方が、勝手に勉強していたときもあったかも」と、子どもにうまく関われているときの気分も想起されるようになってきた。また、困ったときには近所に住む母方祖母の助けも得られていることがわかった。そこで、子どもと適切に距離をとることで、子どもの安全・安心をつくることができている母親をB点として小物を置いた。

不一致のときの母親（A点）と一致のときの母親（B点）を小物により外在化することができたら、A点時とB点時の想起を交互に求めた。すると、母親は宿題をやらないときの子どものことを適切な観察主体（C点）から受容できるようになり、感情的になってしまったときのクールダウンの方法など、これからの安全計画についても冷静に話し合うことができた。

　子ども虐待への危機介入とは、虐待を受けている子どもを安全な場所に保護すれば解決するという単純な問題ではない。親子分離は子どもに大きなトラウマを与える可能性がある。保護者にとっても、親失格の烙印を押されたと感じるほど強いインパクトのあることであり、支援を受けること自体に自尊心が傷つけられたと感じ、支援を拒むようになってしまうこともある。子どもや保護者にさらなる傷つき体験をさせないためにも、子どもの安全を確保しながら親子分離を防ぐ支援のあり方が求められている。

　事例7では、児童虐待通告の直後に、ホロニカル・アプローチの場面再現法を活用した支援を行った。家族の危機場面を間取り図と小物などを使って外在化することで、俯瞰的なポジションから冷静な話し合いが可能となり、緊急時のクールダウンのための具体的方法を、児童相談所と家族が協働的に検討することができた。こうした危機介入を効果的に行うことで、軽度の虐待ケースであれば、子どもを保護せずとも解決が可能である。

 # 内的世界と外的世界を共に扱う支援のあり方

危機介入における支援構造の考え方[3]

　既存のカウンセリングや心理療法の理論や技法は、主に心的問題・心的症状を抱える個人や家族等に対して、できるだけ日常から離れ、じっくりと自らが内的世界と向き合うことが可能となるような面接室でのやりとりを地道に研究する中で培われてきた。しかし、子ども虐待への危機介入のような不定期でかつ臨機応変な対応が求められるような現場では、地域や家庭まで積極的に出向いていくことが求められる。こうした現場では、従来の内的世界中心の理論や技法をそのまま応用することはできない。

　また、子ども虐待ケースの子どもや保護者は、社会的に孤立しており、内的世界を分析や洞察・内省することが困難な脆弱性を"こころ"の内外の現実として抱えていることが少なくない。こうした脆弱性を抱えた人たちには、そもそも既存のカウンセリングや心理療法は有効とはいえない。

　子ども虐待への支援においては、子どもの安全・安心に焦点を当てながら、今の生活の場が少しでもよりよい場に変容するような生き直しを支える場を確保することが肝要である。外的世界の変容を伴わない内的世界の苦悩に対する共感と支持だけでは、当然のことながら限界がある。

　最近では、「アウトリーチ」「リエゾン」「チーム医療」などを重視する流れもある。しかし、こうした潮流も、内的世界を中心に扱うために必要となる外的世界の調整という視点にとどまるのであれば、効果的な危機介入の方法にはなりえない。複雑な要素が絡み合ってくる子ども虐待への支援では、内的世界と外的世界のいずれかだけを扱うのではなく、両者を統合的に扱うことができる支援構造を臨機応変に構築することが必要となる。

　こうした現場の実情を考慮すると、支援構造とは基本形があってそれをそれぞれのケースに応用するものだという発想から抜け出し、むしろ個々のケースの違いに応じて、適切な支援体制を構築しながら、支援体制に合った相談構造をその都度その都度、創造し続けていくという発想へと転換する必要があると考えられる。

実践のポイント

　ホロニカル・アプローチでは、自己と自己自身という内的対象関係と、自己と世界という外的対象関係の両方を扱う。このとき、場の文脈を抜きにして、個人の内的対象関係を扱おうとしたり、場における外的対象関係ばかり扱って内的対象関係を抜きにしたりしてはならない。どのような場合においても、内的課題と外的課題の間に相互作用があることを前提にして、とりあえずどの問題に焦点化していくかを決めることが重要である。生きづらさを抱えている人の生きている場を見立て、必要性と可能性によっては、生きづらさを抱えている人の外的世界に直接働きかけ、生活の場が適切な保護的な場となるように調整することも大切である。[4]

Episode

　筆者らが児童相談所などにおける実践報告を心理臨床関係の学会などで行うと、定期面接型の面接構造の維持が心理的支援の基本という思い込みをもっている専門家から、「定期的な面接構造をもったしっかりとした本格的心理治療ができなくてかわいそう」とか「それは心理臨床ではなくソーシャルワークですね」と揶揄（やゆ）されることがあった。このように子ども虐待への支援は、堅固な治療構造をもたず、非臨床的と批判的に捉えられることがある。しかし、これはまったくの誤解であり、現場の実態に即した理論や技法を自ら創造し続けていくことにこそ対人援助の醍醐味があると思われる。

心的危機への対応の必要性

　子ども虐待対応の最前線では、怒りや恐怖といった原始的感情を伴った"こころ"の野獣性の露出やパワーの乱用による不適切な人間関係に、待ったなしの対応が求められる。しかし、これまで累積されてきた「臨床の知」は、日常生活の実際の危機場面から離れた面接室で培われたものが多く、現場の求める智慧とは乖離しがちであった。そのため、エビデンスがあるとされているアプローチをとった場合でも、面接室では被支援者に適切な変容が見られても、安全・安心が確保されていない苛酷な生活環境に戻った途端、再び深刻な危機に陥ることが生じがちであった。

　子ども虐待への支援では、生活場面における深刻な現実的危機への対応が必要不可欠である。しかし、危機への対応といっても、対立や確執を回避・抑圧・否認することによって表面上、適応を図るだけでは、自己内にひずみが蓄積され、心的問題や症状をむしろ重篤化させてしまう。かといって、緊急性の高い事態に、ゆっくりと内界の変容に時間をかけている余裕もない。そのため、子ども虐待への支援で求められるのは、外的世界においても内的世界においても、"こころ"の闇からくる"こころ"の嵐と行動化から適切に生き残ることができる道を徹底して模索する支援のあり方である。

　ホロニカル・アプローチは、まさにこうした内的世界と外的世界を共に扱う必要性から創発された。ホロニカル・アプローチは、司法判断とは異なり、あ

くまで支援の観点から“こころ”の野獣性に対応する。そのためには、**事例7**のように、まず暴力の行使された修羅場を「場面再現法」などにより、小物を使って外在化しながら再現する。子ども虐待への支援では、被支援者－支援者関係に、被害者－加害者関係が再演されやすく、転移・逆転移現象が起きやすい。外在化による場面再現は、不必要な転移・逆転移を防ぎ、共に適切な観察主体から起きた出来事を俯瞰する目的もある。場面再現に目処が立ったところで「今だったらどのように受け止め、どのように振る舞うか」など、未来に向けてより生きやすくなる道を共に構築するような支援に徹する。

　従前の支援方法との差異は、専門家が「正しい道を知る者」として登場しないところにある。また、部外者として客観的な評価者の立場もとらない。むしろ、より適切な生き延びる道を共に模索するという立場をとることがポイントになる。

　こうした支援者の援助姿勢が被支援者に内在化されていくことが重要である。適切な支援の場が、適切な人生の再学習・再構成の場と考えられる。そのためには、内的世界と外的世界が不一致と一致を繰り返す人生の中で、内界と外界を切り離すこともなく、また、外界に幻想的な理想化対象を夢想するのでもなく、できるだけ現実に即して両者の矛盾を統合できる方向に向かって人生を歩むことを支援するというパラダイムが必要となる。

観察主体の観察能力が弱い場合[6]

　これまでの支援の多くは、言語による面接が中心のため、相談意欲がある程度あり、かつ内的世界を観察したり、内省したり、洞察したり、分析したりすることが最低限できる観察主体の能力を前提として成立してきた。しかし、危機介入の必要性が高い子ども虐待ケースの多くは、実際には、相談意欲がなかったり、自己観察することが困難であったり、支援を受けること自体に抵抗を示したりすることが多いのが実態である。

　しかも、こうしたケースの多くは、自己自身の内面に向かうよりも、日々の生活費や食料をいかに確保するかなど、外的世界に生き残ることに精一杯である。こうした場合は、既存の内的世界を中心とした視点だけでは対応が困難で

あるとともに、相談機関にケースをつなぐことも難しいといえる。こうした実態に即した心理社会的支援のあり方を模索していくと、"こころ"の内的世界と外的世界を共に重視するというホロニカル・アプローチの基本コンセプトが必要となる。

実践のポイント

　支援につながりにくいケースに対して、何らかの交換条件を提示して、専門家のところにまで出向くことを強いるような対応では、うまくいかない。むしろ本人が支援を拒否しない限り、本人が望む場所で最低限の生活が共助・公助によって保障されるような社会包摂型支援システムを構築する必要がある。生き残るだけでも精一杯の人々に対して、さらに自助努力を求める社会は、共助の精神を弱体化させ、公助機能の不全を許容してしまう危険な社会だといえる。

　日々、ぎりぎりのところで生きている人たちが、公助・共助精神の豊かな社会に包まれるとき、人生に絶望しかけていたとしても、自己及び世界に対する信頼を回復し、再度生きる意欲をもつことができる。こうした社会が結果として財政的にもっとも効率的な社会福祉制度を確立すると期待される。[7]

問題とされている人への直接対応が見込めない場合[8]

　問題とされる人たちは、問題とする人や社会に対して、強い不信感や拒否感を抱いている場合がある。こうしたときは、問題とされている人が自ら支援の場を訪れることが見込めないばかりか、アウトリーチ型の訪問支援すら拒否される。ホロニカル・アプローチは、適切な支援のための場づくりも大切にする立場から支援のあり方を見直す。そのため、問題とされる人が直接的な支援の対象とならない場合でも、問題とされる人を抱えて困っている人を対象にした間接的な支援だけでも十分効果が見込めると考える。

　ある人の苦悩には、その人の苦悩だけではなく、他の人の苦悩もホロニカル的に含まれている。また、ある人の苦悩と他の人の苦悩は、縁起的に絡み合っ

ているので、問題とされる人が対象とならない場合でも、問題とする人の問題に適切に対応していけば、問題としていた人の変容が問題とされていた人の変容につながっていく。さらに問題とされていた人と問題としていた人の関係が信頼できる関係になればなるほど、問題とされていた人の問題の適切な変容にもつながっていくのである。

ただし、こうした変容を促進するためには、人間関係のホロニカル的感覚（縁起的包摂感覚）が支援活動の中で培われていく必要がある。もしも、ホロニカル関係の実感や自覚がないまま問題解決の枠組みが従前のままだと、ただこれまでの悪循環が繰り返されるだけになる。

実践のポイント

　相手を変えようとしてもうまくいかないときには、自らが変容すると相手も変容するということがある。こうした変容のプロセスをよく見ていくと、実際のところ自分や相手が変容するというよりは、むしろ自分と相手との関係自体が変容することで新たな展開が生まれていることがわかる。

　子ども虐待対応で、相手を変えようとしているときには、自分ではなく相手が問題だと外罰的になっている。しかし、自分も多少なりに態度を変えることによって、問題を問題として扱っていた関係そのものに小さな変化が起きる。その結果、局所的変容を可能とする新しい関係の成立が、やがて大きな変容につながっていき、問題自体が変容していく。

支援の場が生活の場に近い場合、あるいは生活の中にある場合[9]

生活型、地域型の色彩の強い子ども虐待への支援においては、被支援者を含む当事者の観察主体が、内的世界に適切に向かうばかりでなく、外的世界にも適切に向かうことを支援することが大切となる。また、支援者は、生きづらさを抱えて苦悩する当事者を中心とした生活の場が、より生きやすくなるような適切な居場所となるように環境調整をして、そうした居場所づくりのための協働的ネットワークを創りあげていくことができる。従来の非日常性を重視した臨床とは異なる特徴といえる。このとき、もしも生きづらさを抱える当事者の

"こころ"の内外の世界を個別面接によって十二分に理解することができている支援者ならば、より当事者の琴線に触れることのできる適切な居場所を構築しやすい立場にあるといえる。

　居場所とは、適切な保護的容器の役割をもつ。こうした適切な保護的容器に支えられた体験が、当事者自身の内的世界に包摂され内在化していくとき、自らがより生きやすい人生の道を発見・創造できる力を身につけることにつながっていく。

実践のポイント

　「居場所」とよくいわれるが、適切な居場所とは、どこかにあるようなものではなく、苦悩を抱える当事者を中心に創りあげていくものだと考えられる。ここで注意すべきことは、当事者にとっての居場所づくりが他の人の自己犠牲によって支えられるようなものになってはならないということである。それでは、居場所づくりの取り違えとなる。

　ホロニカル・アプローチでは、当事者の苦悩には、他の人の苦悩もホロニカル的に包摂されていると考える。したがって、当事者にとっての生きやすい居場所づくりは、同じ生活の場に生きる他の人たちにとっても生きやすくなる居場所づくりでなくてはならないと考える。当事者以外の人の自己犠牲の上で成り立つ居場所は、結果的には、当事者にとって生きていく力を育むことにはなっていないといえる。

問題の発生が場自体にある場合[10]

　外的世界に対しても積極的に働きかけていく支援を徹底的に探究していくと、人の苦悩を次々と生み出している生活の場そのものを、誰にとっても、より生きやすい場とする場づくりに積極的に取り組む方がよいのではないかという視点にいきつく。生活の場自体が荒廃し、次々と個人の苦悩をつくり出し、ドミノ倒しのように生きづらさばかり抱える人たちが増加していくのでは、いくら個人個人に対応してもきりがなく、いくら個別対応の専門家を増やしたところで状況の変化は望めない。次々と苦悩を抱える人を増やしていくような場

にあっては、場自体の変容を求めていく必要がある。しかし、そうした活動は、予防的対策の視点とは異なる。生きづらさを生み出す場自体が生きづらさを契機に、より生きやすさを発見・創造するような場となることを目指す積極的な場づくりという創造的な視点が必要だといえる。

　苦悩がまったくなくなることなどありえない。また、場にまったく生きづらさがなくなるということもありえない。しかし、場が不一致と一致の繰り返しの中で、より一致する方向に自発自展する力をもつことはありうる。こうした場では、より多くの人が、自己と世界の不一致・一致の繰り返しの中で、より自己と世界が一致する方向に向かって生きることを可能とすると思われる。

実践のポイント

　専門家と呼ばれる人たちは、場に関わる人たちができるだけ問題解決の主体になれるように支援することが大切である。専門家が、苦悩を抱える人を変えるのではなく、より多くの人が専門家を必要とせずに人生の主人公になれるような"こころ"の智慧の蓄積が社会に必要である。専門家ばかりが増える社会は健全とはいえないだろう。

事件は面接室で起きているんじゃない

「事件は会議室で起きているんじゃない！　現場で起きているんだ！」とは、映画『踊る大捜査線』の名セリフであるが、子ども虐待への危機介入に当てはめてみると、「事件は面接室で起きているんじゃない！　生活の場で起きているんだ！」ということになる。

従来の個人心理療法では、生活場面と面接場面を切り離し、非日常空間を創り出すことを重視してきた。自己の内的世界を深く探索していくためには、日常性から離れた安全・安心な枠組みが必要不可欠だからである。精神分析などの個人心理療法では、恒常性のある安定した面接構造の中でこそ、意味のある転移が生じ、これらの転移を扱うことで治療が進むと考える。そのため、大学院などの心理職の訓練機関では、学生は面接構造の維持の重要性について徹底的に教え込まれる。

その一方で、子ども虐待への支援では、こうした個人心理療法の前提となる面接構造が成立しないケースが対象となることが多い。支援者は面接室で待っているのではなく、従来の心理臨床の枠組みを超えて、生活場面に積極的に入っていくことが求められる。例えば、児童相談所では、ソーシャルワーカーの児童福祉司と心理職の児童心理司がチームを組んで家庭訪問や地域支援などを行うことが重視されている。児童福祉施設などにおいては、子どもが生活する場で心理的支援が行われている。また、単一の機関で支援するのではなく、家族に関係するさまざまな人がネットワークを組んで支援することが大切である。そうすることで、たとえ一人の支援者との関係が悪くなった場合でも、他の支援者とつながっていることで、必要な支援を途切れることなく提供することが可能となる。

このようにケースの実情に即応して、日常性と非日常性が交錯するような生活臨床型の実践を展開していくのが子ども虐待への支援の大きな特徴であり、面接構造を固定するのではなく、支援者の置かれた立場や支援プロセスに応じた適切な支援体制と面接構造を臨機応変に構築していくことが重要となる。

❶ 事例８──「今・ここ」での幸せの発見[1]

　父親から母親への DV が理由で両親が離婚し、転校先の小学校でクラスの男子に容姿をからかわれたことをきっかけに不登校状態になっている中学２年生の女子に、家庭訪問支援が行われることになった。しかし、訪問支援員が家を訪れても、なかなか部屋から出てくることができず、母親とだけ話をする支援が続いていた。

　もうすぐクリスマスを迎えようとしていた頃のある日、母親の勧めに応じて、彼女は訪問支援員と会うことを決意した。しかし、その雰囲気からは、とても会話によるやりとりは難しそうであった。そこで訪問支援員は、自分自身の趣味であるイラストが描かれたスケッチブックを取り出し、〈見てみる？〉と尋ねた。実は、訪問支援員自身にも過去に不登校の経験があり、スケッチブックには当時の訪問支援員の心象風景を表現した絵や詩が描かれていた。彼女は沈黙したまま食い入るようにスケッチブックをひたすら見ていた。そこで訪問支援員もただ黙って見守ることにし、その日の訪問はそのまま終了した。

　次の訪問のときに、訪問支援員は再び彼女に会うことができた。そこで、彼女は「二つの幸せがあるんですね」と語りだした。訪問支援員が〈二つの幸せって？〉と尋ねると、彼女は「これまで幸せって、遠い目標に向かって、ひたすら努力して、その目標を達成することで得られるものだと思っていた。でも、もう一つの別の幸せがあるんですね」「その幸せって、実は、いつでも、どこにでもあるんだけど、なかなか気づくことが難しい幸せ。でも、

やっと、いつでもどこにでもあると気づいた。だから生きることにした」と話した。訪問支援員は、まだ中学生である彼女が発したこの言葉の重みに畏敬の念を覚えながらも〈生きることにしたって？〉と思わず聞くと、彼女は「ええ……。前回の訪問のあと……死ぬつもりだった。でも、もう一つの幸せがあることに気づいたからもう死なない」と、力強く語った。

　前回の訪問のあと、母親は、何年振りかに他人に会って、しかも話までした娘の変容がうれしくて仕方がなく、街中のデパートで毎年開催されているフロアーコンサートに彼女を連れ出したとのことだった。このとき、彼女は母親と一緒に聴いた女子大生の演奏するハンドベルの響きに感激し、涙した。その涙を流した瞬間、彼女は、「ああこういう幸せもあるんだ」と気づいたということであった。

　彼女は、死ぬことを考えていたのに、ハンドベルの音が"こころ"の中に染みわたり、「また聴きたい」と感じたのである。まさに、「また聴きたい」と感じた瞬間こそが、彼女の生きる力が蘇った瞬間でもあった。すると、あの日の訪問支援員に「また会いたい」と思うようになり、次回の訪問時には、「二つの幸せ」について、自分の言葉で話すことができた。

　事例8の彼女は、目標を達成することによって得られる幸せの大切さを人一倍理解していた。むしろ大切さを重々承知していたからこそ、不登校・引きこもり状態にある自分など、すでに一般社会からの落伍者だと思い詰め、生きる価値すらないと自殺念慮を抱いていたのである。しかし、彼女を救ったのは、もう一つの幸せである「生きていること」そのものへの賛歌だったのである。

　「今・ここ」でいつでも幸せを発見できることを体感した彼女は、週1回の家庭訪問支援を通して、訪問支援員と共に自分の好きなことで夢中になって遊ぶ時間を楽しめるようになっていった。そして、専門学校への進学というもう一つの幸せに向けて、少しずつ歩み出した。無心になれば、いつでも自己と世界のつながりの幸せを実感できることを体感したことが、社会の一般常識に押しつぶされない主体性の確立を促進したといえる。

❷ 家庭訪問支援の基本コンセプト[2]

家庭訪問支援の必要性

　都市化、高度成長とバブル経済、情報化革命とグローバリゼーションなどの社会情勢の変化は、これまでの地縁・血縁を基軸とした地域共同体を解体させた。人間関係の希薄化・無縁化・匿名化が加速する中で、家庭や地域社会の子育て環境は変容し、各家庭の子育ても孤立しやすくなってしまった。こうした社会情勢の変化を背景に、対人援助の現場では、子ども虐待、いじめ、不登校、引きこもり、家庭内暴力などへの支援が求められている。

　これらのケースに共通する点として、相談意欲や動機づけに乏しく、面接室で待っていても相談に来ないということがあげられる。そのため、いま現場では、支援を求めない、求める力がないケースに対して必要な支援を届けるために、面接室の外に出て直接会いに行く家庭訪問支援の必要性が注目されている。

　子ども虐待や不登校、引きこもりのケースでは、まずは土台づくりとして人や世界に対する信頼関係の回復や強化が不可欠である。家庭訪問支援では、「内」にこもりがちな状態に対して、「外」から"こころ"の扉を無理矢理こじあける姿勢ではうまくいかない。こうした姿勢では、たとえ扉を開けることができたとしても、またすぐに扉の鍵が閉まってしまうだけである。外からやってきた訪問支援員が、家庭での生活の現実の生々しさを理解しようとするプロセスを通して、子どもや家族ははじめて、家庭外から新たな穏やかな命の風をそっともたらしてもらえたと感じるのである。

実践のポイント

　変容は、子どもや保護者に起きるばかりではない。週１回の定期的な訪問による人間関係は、外からやってくる訪問支援員にとっても、家庭内の空気を共にしながら他者理解をするよき契機となり、これまでの人生観や価値観の大きな変容の契機となる場合がほとんどである。結局、子どもや保護者ばかりでなく支援者も共に変容しながら、両者が一緒になって、

社会に向かって、また新たな人生を再スタートさせるようなドラマが展開するのである。遠方にいる深く高度な専門性をもった人の存在よりも、身近で親しみやすい支援者的存在の方が、家庭訪問支援の成否を握っているといえる。

「中間領域の人々」としての支援者

　人間関係は、身内のような近い関係になればなるほど情緒的絡み合いが深くなり、他者としての対応が難しくなる。親子、兄弟姉妹関係などはその典型である。しかしそれとは反対に、まったくの「他人」「外の人」では、他者の存在に「無関心」となってしまう。自分の生活に何らかの形で関与する関係でもない限り、他者は「外」の存在として"こころ"から排除されてしまうといえる。このように考えると、「身内」でも「外」でもない地縁関係にあった「中間領域の人々」が、実は人が他者との「ほどよい距離」の社会的関係や適切な対人距離を身につけていく上でとても大切な存在だったことを思い知らされる。

　しかし、現代社会は、都市化、産業の構造的変化、高度情報化やグローバル化が指数関数的に進む中で、地域社会から「中間領域の人々」を欠落させてしまった。この現象は、「世間」「社会」と「自分」との相克とその折り合いの中で適切なアイデンティティを形成していく土台の喪失に他ならない。「世間」「社会」は、もはや匿名性、透明性、不在性を帯びた知的な概念に過ぎなくなりつつある。しかも、「世間」「社会」にいる他者同士は、すでに共感不全状態に陥っているし、不特定多数に共通するような共同幻想は希薄化している。

　価値は多様多元で、対立・錯綜し、状況は混沌としている。善悪、美醜などの価値判断も一律性をもたなくなってきている。混沌とし知性化した見えない他者性は、生きるための手がかりとならず、知的な情報や希薄な自己の感覚だけが頼りになってきているのである。

　しかし、そうした生き方は往々にして、他者から自己中心的という烙印を押されることになる。そのため他者の存在は、ますます「得体の知れないとても気になる存在」「破壊してみたくなる存在」など、「関係なき関係」になり始めてきているといえるのである。

　地域社会における中間領域の人々の不在化を意識するとき、家庭訪問支援を行う訪問支援員の立ち位置が、まさに「中間領域の人々」と同様の機能を有していると考えられる。

☞ **補足説明**・・

　　地域社会から、寺の鐘の音を共有していたようなムラ的共通体験が失われ、人と人の関係は、孤立・無縁化し共感不全関係に変質してきている。多くの人たちにとっても生まれ育った地域は著しく変化しているのではないだろうか。人格形成に影響の強かったものとして家族があったことは論をまたないが、地域の人々からも大きな影響を受けていた。彼らは、「身内」でも「他人」でもない。彼らは、身内と他人の「中間領域の人々」ともいえる存在であった。だからこそ、血縁がなくとも、身近で親密な他人は、豆腐屋のおばちゃん、パン屋のおじいちゃん、○○のおじさん、○○のおばさん、○○のお兄ちゃんなどと呼ばれていた。

　　彼らの存在は、世間の目を形成していく上の土壌でもあったのだろう。世間の目に背く行為には、誰かの不快そうな目が気になって罪悪感が一瞬起き、他者性による自己規制が働く。もしそのような他者の目を無視した行為を思わずしてしまうと、誰かが何も指摘しなくても自発的に世間に拒絶されるような不安が起きてしまうのである。このように「中間領域の人々」という地縁的他者性は、世間一般の常識に関係する社会規範や道徳性の形成に大いに影響があったと思われる。

・・

「また会いたくなる関係」の構築と「親密な他者」の成立

　家庭訪問支援では、喜怒哀楽を共にしながら寄り添っていくうちに、「また会いたくなる関係」が構築されていくことが重要である。地縁・血縁社会の絆を基盤としていた地域共同体の共通感覚が失われていく時代において、社会制度の情報提供、相談活動、子育て支援、家事支援、学習支援、同行サービスなど、どのような支援であっても、「また会いたくなる関係」を構築しないこと

には何も先に進まない。誰もが地域社会で孤立しないために、訪問支援員には、地縁・血縁関係に囚われることなく、「親密な他者」になることが求められているといえる。

☞ **補足説明**••

　家庭訪問支援において、「また会いたくなる関係」をつくり、「親密な他者」となることは、簡単そうにみえて難しいことでもある。しかし、実際の現場では、こうした関係をさらっとやってのけてしまう人もいる。ここで重要になるのは、資格の有無などの専門性というよりは、支援者としての姿勢などの「あり方」である。そうしたポイントをまとめたチェックリストを資料編に資料2として掲載しているので参照されたい。

　本チェックリスト作成の土台には、筆者らの児童相談所時代の経験や家庭訪問支援などの関係者へのスーパーバイズ経験がある。また、着想の契機としては、『ハウジングファースト』という著書があり、その中にあったホームレスの人たちへの支援プログラムとして研究されているチェックリスト[3]に刺激を受けて作成した。

•••

「指導」ではなく「支援」すること

　家庭訪問支援は、現代社会がもつ一般化された常識や価値を体現する教育的指導の立場から助言・指導するものではない。むしろ現代社会の影に怯えながらも必死に生きている人々の理解に徹することで生まれる絆をベースとした支援である。まさに「指導」の視点から、「支援」の視点への転換が求められる。人と世界に対する不信感を強め、地域社会でとかく孤立無援になっている密室型の家庭にとって、そっと外から子育てや家庭支援的に家庭の中に入ってくる身内的な存在は、人と世界への信頼回復や再構築にもっとも貢献する存在だといえる。

　具体的な名をもった人（個）と人（個）の絆を結ぶような信頼関係づくりがその土台となる。当事者に対して共鳴・共振しながら、訪問支援員が共に歩む

とき、自ずと絆が築かれてくる。こうした信頼関係づくりや再構築には多くの感動が伴う。この感動が新たな人生を展開させるエネルギーの源となり、当事者自身の自己と世界との関係における好循環を生み出していく。新たな出あいと信頼関係づくりの中で、これまでの相互の常識の違いによる溝を埋め、新しい常識がその場で創造されるからである。

　こうした信頼関係の絆を土台としないと、意図的計画的働きかけの一切が成立しないばかりでなく、支援を拒否されるという現実に遭遇することになる。定期的な家庭訪問という支援構造では、絆の有無がその後の一目瞭然の結果を生むという厳しさがある。信頼関係の絆がなければ、そもそも当事者に会って会話することすら難しくなり、訪問支援員は、とても苦しい心境に追い込まれてしまう。ここで重要となるのは、訪問支援員の基本姿勢であり、指導・助言的態度から、当事者自身による主体的な問題解決や自己決定を支援する伴走者的態度への転換が求められる。

実践のポイント

　家庭訪問支援において、あるべき理想の姿に相手を適合させようと指導すると、被支援者にこれまで同じような態度をとってきた人たちを想起させることになる。そうなると、被支援者は一層自己卑下的になるか、あるいは憤怒し、"こころ"の扉も現実の扉も閉じてしまう。訪問支援員には、むしろ無知の立場に徹する謙虚さが大切であり、指導・助言よりも提案が有効である。当事者自身がよき道を発見・自己決定するのを支援することに徹することが要求されるといえる。

適切な保護的容器となるための環境調整

　家庭訪問支援などの地域支援を行う上では、子どもと保護者に対する適切な保護的存在または代替的存在になること、また当事者の同意を得て関係者との橋渡し的働きかけをすることが重要である。子どもや家族にとって、具体的な生活環境が、適切な保護的容器となるように環境調整を図り、学校などの関係機関とのよきつなぎ手や核的存在となることで、当事者にとって、内的世界

（内的対象関係）と外的世界（外的対象関係）のいずれもが、生きづらいものから、少しでも生きやすいものになることが期待される。

　こうした支援を行うことで、個の中における多様性と多様な他者との共生的生き方の創造、個の中に包摂される全体、全体の中に包摂される個の関係の樹立が促進されていく。被支援者の狭隘な世界観と乏しい社会体験に対して、できるだけ多様な世界に触れることができる機会を保障し、豊かな社会体験を積み上げていくことが大切である。

　支援者が無理矢理、当事者を外にひっぱり出すのでなく、訪問支援員自らが内に入って、信頼という絆を形成し、当事者と共に変化して、一緒に外の世界に歩み出すことが重要である。それは、解離し、引き裂かれてきた内的世界と外的世界に、適切な橋を架け、「行ったり・来たり」が自由無礙にできるように支援することでもある。そのため、訪問支援員には、関係機関との関係ばかりでなく、当事者との関係の水平的関係を創りあげること、権威主義や上下関係的にならないことが求められる。

実践のポイント

　疾病や障害をもっている当事者に対しては、疾病や障害の治療に関わるのではなく、疾病や障害をもった人の生きづらさに対して、少しでもより生きやすい人生の道の発見・創造を支援することが目的となる。疾病や障害があるからといって、安易に医療機関や治療教育機関の対象だと決めつけるのではなく、訪問支援員でも何か自分でもできる支援はないかと考えることが大切である。他機関との連携と称して、安易な他機関紹介を行うだけで終わらず、その後も必要がある限り継続的な支援を並行して行うことが求められる。

　医療・保健領域のパラダイムだけでは、子ども虐待や引きこもり、不登校への対応には限界があり、教育領域や福祉領域も加わった統合的アプローチによる地域・家庭に密着した相談支援体制の整備の方が、より充実した効果を期待できる。

❸ 家庭訪問支援の実際[4]

週 1 回の訪問支援の意義

　名古屋市では、2018 年度から児童相談所などからの依頼で、不登校や成績などさまざまな悩みを抱える子どもと保護者を対象に、訪問支援員が週 1 回 2 時間程度の家庭訪問支援を行う事業を行っている。ほとんどの関係機関は、週 1 回レベルの家庭訪問相談の体制をもっておらず、その意味だけでも、こうした事業があることの意義は大きい。

　週 1 回の家庭訪問をすることで、複雑な状態を、あるがままに理解することが可能となる。得られる情報量は、通所面接で得られる情報量をはるかにしのぐ。数回で得られる非言語的なものを含む情報は、面接数年分を超えることもありうる。支援に間隔があると、嫌なことばかり溜まりすぎて、それを吐き出すことに終始してしまいがちであるが、週 1 回の訪問をすることで、1 週間前に起きた出来事の喜怒哀楽や物語をまだ持続的に共有でき、週 1 回の時間の中で、その気分や考えを整理する機会となる。

　家庭訪問支援は、生活の場の理解にもつながる。生活空間（場）に足を運び、身をもって生活の匂いを味わうことが可能である。外側からの接触だけでは得体の知れなかった家族が、内側から理解可能となり馴染みのあるものになる。生身の家族に触れるようになる。そして新たな社会的絆が形成されるにつれ、ときには訪問支援員自身が鎧を脱いで裸の付き合いをするような場面も出現するようになる。しかし、それはあくまで有期限の付き合いであり、「また会いたくなる関係」を構築した上で、いずれ別れるのが支援の本質である。こうした「親密な他者」としての対人距離を維持することで、当事者の"こころ"の中に適切な保護的他者が内在化されていくことが、週 1 回の訪問支援の最も重要な意義だといえる。

☞ **補足説明** ●●●

　マンネリ化しがちになる平日とは異なって日曜日が非日常的な意味をもつように、週１回を原則とし、曜日と時間を固定化した定期的訪問による支援活動は、子どもや保護者に、起床から就寝に至るまでの日常生活の日課を見直す機会を自ずともたらす。それまでの不規則な生活リズムに代わり新たな生活リズムを家族自身がつくり出す契機となり、寝ていて起こしても起きなかった子どもが、訪問が楽しみになり、事前に起きて、訪問時間に自らドアを開けるようになるまでに変化することが多い。専門的な観点からの上から下への支援的関係ではなく、日々雑多な問題について、あれこれ、わいわいがやがやと共に検討する横並び的関係を構築する中で、むしろ現実的でとても有効な問題解決案が創発されることになる。

●●●

実践のポイント

　日常的な生活の場を共にする中で、当事者の人生の物語化のための直接的で具体的な、協働的な当事者関係となることが重要である。専門機関の診察室や面接室への通院・通所による相談支援では、生活の場から当事者も支援者側も切り離されているし、何よりも支援者が、当事者の人生の創造のために間接的支援者の立場を踏み越えることは制約上できない。

　カウンセリングや心理療法などの従来の心理的支援では、限界の枠を守ることが肝要となっているが、家庭訪問支援では、こうした枠の制限を超えることの方にこそ新しい関係が形成されるきっかけとなる場合が多い。

Doing ではなく Being に着目すること

　不登校などを理由に家庭訪問支援を必要としている当事者は、何かをしようと思ってもできないことに悩んでいることが多い。そのため、訪問支援員には、子どもが学校に行くことや勉強することなど、「何かをすること」（Doing）を評価するのではなく、子どもの「存在そのもの」（Being）を尊重し、喜怒哀楽を共にする関係づくりを重視することが求められる。支持できるときと支持で

きないとき、共感できる場合とできない場合など、いろいろな状況があると思われるが、上から目線の評価者とはならないように気をつける必要がある。

傾聴が重視されるのも、訪問支援員が当事者自身すら気づいていない内なる声に耳を傾ける作業を通じて、当事者自身が内なる自己に耳を傾け、自己理解や他者理解を深めることを意味するからである。そうした自己理解や他者理解に対して、共同的観察者として協働していく姿勢に徹することが肝要なのである。そうした態度に徹し、喜怒哀楽を共にしていくとき、当事者は、あるがままの自己を受け止めてくれる他者を自己内に取り込み、自己肯定感、自己効能感をもつことができるようになる。

あるがままの当事者の存在（Being）への支持が、当事者の人や世界に対する基本的な信頼感を育み、それまでの単調だった白黒の生活世界が、何か色づく生活世界へと変容していく。その結果として、変化もなく惰性的に流れていた日々の空虚な世界に、何か新しい展開が生まれてくる。

実践のポイント

　子どもとの出あいにおいて変容をもたらす要因の一つとして、訪問支援員が、あまり既存の臨床心理学的または精神医学的知識をもっていないことが、かえって変容の促進に寄与しているように思える事例もある。臨床心理学や精神医学の用語や知識の獲得が、自己及び世界の現象を観察するときの枠組みそのものを自己再帰的に限定してしまうという弊害もしばしばみられる。「発達障害」や「トラウマ」という知識を獲得することによって、何かにつけ発達障害やトラウマという視点ばかりから対象を限定的に観察するような視野狭窄を引き起こす危険性がある。

　知識を不必要にもたないときの方が、案外、人と人による生と生のぶつかり合いとなるといえるかもしれない。発達障害やトラウマと名づけて理解した気になることよりも、おぞましい出来事に遭遇しての無力感や絶望感など、言葉にならないアクチュアルな当事者の生の体験を当事者と共にしながら、寄り添うことに徹することの方が大切である。

129

閉じた質問の活用

　カウンセリングの質問技法として、開かれた質問と閉じた質問がある。開かれた質問とは、例えば、〈どんな感じですか？〉〈どのように思っているのですか？〉〈もう少し詳しくお話しいただけますか？〉など、質問された人が自由に答えることができる質問のことをいう。これとは反対に、閉じた質問とは、質問された人が「はい／いいえ」などで簡略に答えることができる質問のことをいう。

　ホロニカル・アプローチでは、問題解決の主体は当事者と考えるため、支援者はできるだけ協働的なポジションに徹しようとする。しかし、ケースによっては、支援に拒否的な態度を示され、なかなかこのポジションを維持できないときがある。こうした状態になると、問題解決の主体をめぐって、被支援者はますます受動的姿勢になり、逆に、支援者が主導的立場をとらざるをえないという逆転現象が起きやすくなってしまう。

　家庭訪問支援の場合、支援を開始したばかりの段階では、子どもは開かれた質問にはなかなか応じてくれない。こうしたケースでは、まずは閉じた質問を効果的に活用することによって、子どもの潜在的ニーズの顕在化を図るとともに、常に子どもが主体的に自己選択できるように支援していくことになる。具体的には、「はい・いいえ・わからない」など、選択肢からの自己決定を求めるなどの工夫を図り、少しでも子どもの主体性を尊重する姿勢を貫くことが重要となる。こうした工夫を図らず、ただ支援者が知りたいことばかり質問していくと、子どもの警戒心を一層強めることになる。[5]

Episode

　家庭訪問支援を開始したところ、子どもはスマートフォンをいじっているばかりで、訪問支援員が話しかけても特に反応がない。訪問支援員が沈黙に耐えられず、矢継ぎ早に質問を繰り返したところ、子どもはますます拒否的になってしまい、支援を継続することが難しくなってしまった。

　子ども虐待対応のような危機への支援を行う際には、ネガティブ・ケイパビリティといわれるような能力が、支援者には要求されると思われる。ネガ

ティブ・ケイパビリティとは、「どうにも答えの出ない、どうにも対処しよ
うのない事態に耐える能力」「性急に証明や理由を求めずに、不確実さや不
思議さ、懐疑の中にいることができる能力」である。

　先の見えない不安定で不確実な状況に身を置き続けることは大変なことで
ある。そのため、何らかの決定や決断を下すことで、早く楽になりたいと
思ってしまうが、こうした決断は得てして不適切なものである場合が多い。
そのため、家庭訪問支援を行う訪問支援員には、よくわからないものに対し
てはよくわからないなりに対応し、被支援者と危機的な状況を共に生き抜い
ていくことが求められているといえる。

「抵抗が強く相談意欲のないケース」への対応

　自発的な来談を期待することが難しく、家庭訪問支援が必要とされるケー
スについて、「抵抗が強く相談意欲のないケース」と呼ぶことがある。しかし、
「抵抗が強い」とか「相談意欲が乏しい」とは、支援者側からの視点ではない
だろうか。実際、こうしたケースを丁寧に見ていくと、周囲に問題にされ、本
人の同意なく支援が開始された場合がほとんどである。そうであれば、相談意
欲以前に、そもそも支援を受けることに納得できていなくて当然といえる。内
面に不満を隠し持っている態度が、支援者からみると「抵抗が強く相談意欲が
乏しいケース」と感じられているわけである。

　子どもの内発的動機や主体的決定が尊重されることなくして家庭訪問支援が
開始された場合、先々の支援は行き詰まることになる。こうなると結果的には、
何も問題が解決していかないばかりか、子どもと周囲の大人との関係の悪化が
予測されることになる。

　しかし、訪問支援員がほんの少し異なる視点から質問するだけで、その後の
展開が変化する可能性がある。〈今日はお母さんから言われたから会ってくれ
ただけなんだね。会ってくれてありがとう。それでは、Aさんとしては、相
談したい気持ちはまだはっきりとしているわけではないということかな？〉
〈それでも会ってくれたのは、どんな気持ちがあったからかな？　もしよかっ
たら、お話を聞かせてくれる？〉と、子どもの潜在的な内発的動機にあたるも

のを意識化し共有できるように慎重に質問を続けていく。このように、支援者
側が知りたい項目について質問をするのではなく、子ども自身の自己理解を促
進するための質問をすることによって、共同研究的協働関係の構築を徹底的に
優先させる。

　こうした協働的な関係性を重視したやりとりの中で、当初は様子窺いだけの
気持ちで、相談意欲などなく受動的姿勢だった子どもであっても、自分の想い
を語り始めることが少なくない。子どもの立場に寄り添うだけではなく、子ど
もに内在化されている問題にも耳を傾ける姿勢を徹底的に示すことで、新たな
関係性が生まれてくるわけである。このように、一見すると、抵抗を強く見せ
るケースであっても、訪問支援員の態度の変化によっては、相談動機が創発さ
れる余地がまだまだ十分あるものなのである。[7]

主体的自己決定を促すこと

　子どもにしろ、保護者にしろ、当事者が訪問を待ち焦がれるような関係を
つくり出すことが大切である。「また会いたくなる存在になる」というシンプ
ルな原則の実現が、家庭訪問支援の成否の鍵を握っているのである。例えば、
「保護者が開けていたドアが、子どもが開けるドアになる」「パジャマ姿から普
段着に変わる」「掃除をし、机にカードゲームを準備して、そわそわと訪問支
援員を待つようになる」といったことがあげられる。

　「また会いたくなる存在になる」ためには、アドバイスや指導・助言による
相談関係を樹立するのではなく、人と人としての信頼関係づくりに専念するこ
とが重要となる。よき相談関係をつくり出すためには、当事者の立場からす
ると、自分が人生の主体的な主人公の立場になれ、その意思を尊重され、侵入
されない体験が必要条件となる。訪問支援員は、当事者のトライ・アンド・エ
ラーの伴走者であり共同研究者といえるのである。

実践のポイント

　〈何がしたい？〉と主体的な願望の明確化を求めても、何ら返事がなく自己決定ができなかったり、受動的な姿勢を示したりするだけで主体的な意思表示をしない子どもに対しては、〈イエス？　それともノー？　それともそれもわからない？　もし、わからない場合は、こちらの提案の〇〇をやってみることでもいいかな？〉と三つくらいの選択肢の中から一つを選択することを求めることがある。こうした対応は、その後の自己選択能力の向上のために効果的である。

　臨床経験からは、「ノー」と拒否の意思を示せた当事者ほど、予後がよい。相手の期待に応える偽りの自己の状態を打破するためには、相手の期待をいったん否定できる自己主張能力をもつことが必要といえるからである。しかも、「ノー」と拒否したクライエントが、その後、「イエス」と同意したときは、これまでの受動的な意思とは異なり、主体的な自己決定と判断しやすくなるといえる。「ノー」なき「イエス」の連続は真の自己決定とはいえないだろう。

よきドラマの創発

　虐待やネグレクトの影響から自分の欲求や要求を自発的に出せない当事者や、引きこもり状態が長期になっている当事者などは、家族や周囲の期待に応えられていない自分に強い自己否定感や罪悪感を抱いていることが多い。このような状態に陥っているときだからこそ、誰かと何かの作業に一緒に取り組み、保護された自由空間の中で繊細にケアされ、自分を安心して出して受容される体験を保障される必要がある。

　生きる意欲は、何らかの体験を共に喜んでくれる人の照らし返しを得たときに高まる。自分は誰かに大切にされるだけの価値がある存在であるとの覚知が重要なのである。行為・作業（工作、アニメ、ビデオ、ゲーム、学習、スポーツ、外出など）を共有する関係を通じて、快・不快などの情動や喜怒哀楽といった感情の共有も促進される。

　行為・作業抜きでの、言葉による面接だけで人間関係の肯定的関係をつくり

出すことは難しい。特に、相手が子どもだったり、自分をうまく言葉でもって表現できなかったりする場合ほど、面接そのものが双方にとって苦痛になってしまう恐れがある。そこで、まずは当事者が興味・関心を抱いている対象に訪問支援員自身も積極的な関心を向け、対象となる世界をできるだけ共有するように努めることが大切である。

　これまでの支援は、ともすると支援者が「外」にいて、「内」にこもる当事者を問題として、「外」に出てくる変化を求めてきたといえる。こうした支援関係では、支援者は何も変わる必要はなく、その結果、当事者もただ支援者が求める物語に表面的に適応しようとするだけに終わってしまう。こうした対応では、間違っている当事者を支援者が正しい方向に導くという関係になる。そこには新しいドラマの創発は一切ない。

　しかし、引きこもる当事者は、今ある既存の社会に自分の居場所を失い、社会から身を守るために内閉的世界にこもったと考えることができる。当事者の内なる世界にそっと支援者が入り、共に変容しながら、新しい外なる世界に共に出て行くようなときに、新しいドラマが生まれるのである。支援者の変容を伴わないようなアプローチでは、状況を悪化させることはあっても、当事者のよき変化をあまり期待することができない。変容する人には、常に支援者自身も含まれるべきなのである。

実践のポイント

　家庭訪問支援において、子どもと一緒に折り紙で作品をつくり、できあがった作品を宝物のようにしてケースに入れて飾り、家族と共有できるようにすることは大事なことである。なぜなら、家族における肯定的な物語化を制作物によって促進する効果が期待できるからである。当事者と訪問支援員のよき体験を可視化し、みんなが共有できるものにすることができる。

　こうした局所的に生起した小さなドラマを誰もが共有できるエピソード的物語としてまとめあげ、本人の同意を得て、関係者間でエピソード的物語を共有できる関係を拡充していく。当事者にとっては、当事者を取り囲

むより多くの関係者が、小さなドラマに対して好意的な関心をもっていることを実感することは、自ずと自己肯定感につながっていく。

共同研究的協働関係の構築

　支援を受ける人と支援をしようとする人が、支援関係を超えてお互いを包み合う関係として出あった瞬間、共に変容しより深い絆を築くことが可能となる。ホロニカル・アプローチでは、共同研究的協働関係の構築を重視するが、これは家庭訪問支援においても同じである。「相談をする／相談を受ける」「支援を受ける／支援をする」などの関係に至るためには、安易に、救済しようとしたり、助言・指導しようとしたり、教育しようとしたりすることなく、まずは何かの共同作業をしたり、一緒に出かけたりするなどして、この先、問題を一緒に解決していくことを可能とする関係性を構築することがすべてに先行する。

　具体的には、「また会いたくなる関係」「親密な他者」「お互いに安心できる間柄」を創り出すことである。訪問支援員以外のいろいろな人の助けや社会資源を活用する気持ちになるようなキーパーソンになることである。訪問支援員だけで支援を背負うなどと気負わないことである。当事者に寄り添い、ほんの少しでも喜怒哀楽のある人生体験を共にすることにこそ支援の意義がある。こうした当事者の実体験は、訪問支援員以外の他者との関係にも好循環を生み出し、やがて支援がなくても当事者が自律的に人生を歩むことへとつながっていくと考えられる。

実践のポイント

　共同研究的協働関係がまだ構築されていない家庭訪問支援の初期の段階では、当事者の価値観・信念、家庭文化を訪問支援員自身が徹底的に理解することに専念すべきである。それでも当事者と訪問支援員との微妙な不一致や対立は、避けることができない。しかし、当事者も訪問支援員もこうした不一致に傷つきながらも一致の出あいを求め合って歩む中で、ごく自然に両者が共に変容して、共に新しい世界に"こころ"を開き合うことが可能になるときがやってくるのである。

　この段階に至れば、もはやちょっとした言動の不一致によってお互いの絆が崩れることなどないだろう。こうした関係づくりが家庭訪問支援の基本であり、それを具現化する運営体制づくり、さらにはそうした支援のあり方を追求していくことが大切である。

本当の気持ちって？[8]

　沈黙する子どもに対して、〈本当の気持ちを知りたい〉という思いに駆り立てられた支援者が執拗に質問を続けてしまうことがある。家庭訪問支援を必要とするような主体的な相談意欲に乏しい子どもへの支援現場でしばしば起きる出来事である。こうした質問をする支援者には、カウンセリングなどの勉強をした人も多く含まれる。〈本当は、もっと別の気持ちを抱いているのだけれども、何か言いにくい抵抗感でも働いているのではないか〉〈偽りの仮面を破るためには、本当の気持ちをもっと言語化することが大切〉など、さまざまな仮説をもっているかもしれない。

　社会生活を営む上でやむをえず形成した「偽りの自己」によって、「本当の気持ち」が抑圧されているという仮説に基づくアプローチは、内的な個人的自己より社会的自己の方が重視されがちだった時代においては有効であったかもしれない。しかし、現代社会のような加速度的変動社会にあっては、こうしたアプローチだけでは、被支援者の社会的自己が混迷したまま育たず、ただ自己愛の強い内的自己の主張ばかりを助長してしまう。さらには、なかなか自分の思い通りにならない外的世界に、際限のない自己愛憤怒を抱く誇大的万能的自己だけを強めてしまう危険性すらあると考えられる。

　むしろ、自分でも「何をしたいか、どうしたらいいかもわからない」という気持ちを抱えている人たちへの新しいアプローチの模索が重要になってきていると思われる。ホロニカル・アプローチでは、共同研究的協働関係の構築を重視するが、本当の気持ちすらわからなくなっている被支援者に対しては、旧来のパラダイムのように自己実現的な生き方をサポートするというトーンではなく、より生きやすい道の発見・創造を共に模索することが大切であろう。すなわち、「共に何かを語りたくなる関係」「共に何かをしたくなる関係」を構築することが重要である。具体的には、答えに窮する子どもを前にして、〈一体、何がしたいの？〉と問うのではなく、〈一体、何をすればいいだろうね〉と、共に問題解決を模索することのできる関係を構築することが求められているといえる。

第7章

施設での生活臨床

❶ 事例9 ── 瞬間の対応の違い

ある児童養護施設での出来事

　児童養護施設で生活する中学2年生のA君には、多くの行動上の問題が
あり、今度事件を起こせば、児童相談所に一時保護を依頼し、他の施設に措
置変更すべきだという施設職員の声が強くなっていた。そのような状況の中
で、A君がパイプ椅子を振り上げるという事件が発生した。

　対面する児童指導員たちが、〈今度やったら児童相談所を呼ぶと言ってあ
るだろう。やめろ！〉と叫ぶと、A君は「うるさい！」とますます激昂した。
しかし、背中側から発せられた〈A君！　待て、早まるな。待て……〉と
いう言葉を聞いた瞬間、A君はその場にへたり込んだ。そう呼びかけたのは、
長く面倒をみてきたベテランの児童指導員で、必死な形相をして現場に駆け
つけてきて、A君を両腕でもって、しっかりと抱き抱え込んだ。すると、A
君は「自分でもどうにもできないんだ。こんな俺なんか生きていない方がみ
んなのためなんだ」と嗚咽しながら、次第に落ち着いていった。

ある児童心理治療施設での出来事

　児童心理治療施設で生活する小学校4年生のB君は、いつも些細なこと
で、他の入所児童と口喧嘩を繰り返していた。興奮すると、相手に殴りか
かろうとするため、児童指導員が身を挺してでも止めに入る必要があった。
そうした中で、前年には、口喧嘩の末、B君が他の入所児童の顔を殴って
しまう事態に発展した。そのとき対応した児童指導員は、暴れるB君の身

体を強引に押さえつけようとしたが、拘束していた腕を離した途端、児童指導員も激しく殴られ、そのときの怪我とショックで休職するということがあった。

　今回B君は、他の入所児童とのトラブルでイライラを爆発させ、前年と同じような状況になったが、そのとき対応した児童指導員は、激しく興奮するB君と全身全霊で向き合い、抱きしめるように身体ごと押さえ込んだ。しばらくするとB君の憤怒は鎮まり、身体の拘束を解くことができた。

　この二つの異なる施設での出来事には、憤怒を鎮めるための共通した智慧が隠されている。ある児童養護施設のケースでも、ある児童心理治療施設のケースでも、支援者が力ずくの対応をした場合は、子どもを激昂させるばかりで、かえって強い反発を招くことになっていた。特に、児童心理治療施設での前年の対応では、反発する子どもに対して、支援者がさらに強い力で押さえ込むことになり、まさに際限のないパワーゲームの消耗戦となった。その結果、押さえ込む側が手を緩めた途端、新たな傷害事件を引き起こすことになってしまった。

　その一方で、いずれの施設のケースであっても、激情を鎮めた支援者は、憤怒から子ども自身を守るかのようにして、全存在をかけて包み抱え込もうとしていた。力ずくで押さえ込む方法とは真逆ともいえる、憤怒の鎮静化のための子どもの補助的役割を担っていたのである。具体的には、そのとき支援者は、子どもの憤怒の嵐の息遣いの変化に合わせ、子どもが少しでも憤怒を弱めれば、抱え込んでいる腕を緩めるようにしていた。二人の気持ちの波長はまさに一体だったのである。

　以上のように、こうした瞬間の対応が、対決関係になるのか、協働関係になるのかによって、まったく異なる展開が生まれてくる。子どもの憤怒への対応の効果的な智慧は、明らかに協働関係の中にこそある。

❷ 施設での生活臨床の特徴[1]

施設での生活に根差した支援

『児童養護施設入所児童等調査の概要（平成 30 年 2 月 1 日現在）[2]』によると、施設入所前に虐待体験のある子どもの割合は増加傾向にあり、児童養護施設で 65.6％、児童心理治療施設で 78.1％、児童自立支援施設で 64.5％、乳児院で 40.9％、母子生活支援施設で 57.7％、ファミリーホーム 53.0％、自立援助ホーム 71.6％となっている。そのため、施設には虐待によるさまざまな心理的影響を抱えた子どもに対応することが求められているといえる。

　こうした施設で行われる支援の内容は、施設種別の違いはもちろん、個々の施設の状況によって大きく左右されるものである。しかし、支援者が支援を行う場と、子どもが生活する場が同一であるという点は、どのような施設にも共通する特徴だといえるだろう。

　施設における支援では、「仮に週 1 時間の心理療法を実施したとしても、残りの 6 日と 23 時間の生活が治療的に機能することが重要である[3]」という考え方に基づき、子どもの生活場面に積極的に関わっていく。こうした生活に根差した支援のあり方については、児童心理治療施設では、「総合環境療法[4]」として確立しており、施設全体を治療の場とみなし、施設内で行っているすべての活動を治療的なものとして活用している。また、児童自立支援施設でも、「共生共育[5]」が基本理念となっており、児童指導員らと子どもが共に生活する場の中で行われる、生きた言葉・態度などの相互交流によって共に育ち合う姿勢を大切にしている。こうした生活体験の積み重ねの重要性は、児童養護施設においても以前から指摘されていることである。

　施設での生活臨床のように、支援者が面接室にとどまらず、生活場面に入り込むことを前提にするのであれば、心理療法やカウンセリングでしばしば強調される「受容」「個」「内面」「内的成熟」「非日常的（象徴的）関与」に対して、逆向きの「対決」「集団」「外面」「現実的適応」「日常的関与」を意識し、その二重性の上に立った支援が必要になる[6]。

　施設における生活臨床とは、虐待などによる傷を治すという「治療」ではなく、施設の生活が子どもを抱える枠となるように環境を整える「場づくり」、すなわち、「適切な自己の発達の場の保障」という視点から捉え直す必要がある。施設における支援のあり方としては、プレイセラピーや心理教育などにより、子ども個人や子ども集団に働きかけるだけではなく、子どもをとりまく支援者や施設という「場」そのものを対象とした支援を同時並行的に展開していくことが重要である。

実践のポイント

　施設などにおける生活に根差した支援では、被虐待体験などによる心的外傷を「治す」という治療モデルよりは、むしろ「発達を促す」という成長モデルの視点をもって子どもと関わることが大切だとされる。しかし、第 1 章でも述べたように、ホロニカル・アプローチは、治療モデル、発達モデル、問題解決モデル、教育モデルのいずれに基づくものでもない。その目的は、「生きやすくなること」にあり、生きやすさを志向した支援モデルといえる。そのため、ホロニカル・アプローチの立場からの生活臨床では、“こころ”の内・外を見つめ直す作業を通じて、自己と世界との適切な対話軸をもち、自己と世界ができるだけ一致し、より生きやすい方向性を目指していくところに、その本質が集約されているといえるだろう。

Episode

　児童自立支援施設で生活する小学 6 年生の女児は、警戒心が強く、個別面接をしても、家族や将来のことについて、あまり話したがらなかった。しかし、ある日、彼女が信頼している担当の児童自立支援専門員に優しくハンドクリームを塗ってもらっているときに、ふと心の内がこぼれて、今まで話せなかった過去の家族との出来事やこれからの希望について語り始めた。この出来事をきっかけとして感情の表出が豊かになり、担当職員はもちろん、他の施設職員との関係性にもよい変化が生まれた。

　このように子どもが思わず心の内をこぼす瞬間は、案外、フォーマルな面

接の場ではなく、インフォーマルな生活の場で起こることが多い。子どもは、場に応じて見せる顔がまったく異なる。親密で適切な保護的他者と生活を共にする中で、防衛という鎧を脱いで気持ちをさらけ出すことができた瞬間を契機として、子どもに意味のある変化が生じる。こうしたエピソードからも面接室での支援にはない生活臨床の意義を感じることができる。

三者関係の中での心理的支援

　施設で働く心理職は、「心理療法担当職員」と呼ばれているように、虐待を受けた子どもに心理療法を行うことが期待されている。しかし、村瀬（2001）が「発達段階の初期にすでにトラウマを受け、基本的信頼感が十分育っていない、しかも生きていく生活習慣の基本すらも崩れたり、習得できていない子どもに対しては、象徴を駆使したり、言語表現に多くを頼って、内面理解に急になるよりも、まずそれ以前の具体的な生活体験を味わい、生を享受できるような日常生活の充実を基盤とした、統合的なアプローチが求められる」と述べているように、深刻な子ども虐待ケースの場合、いきなり心理療法によって内的世界を扱おうとするのではなく、まずは生活全体を見直し、外的世界のあり方を変えていくなど、統合的な視点から支援を行う必要がある。内的世界と外的世界は相互に影響し合っており、基本的な生活が安定し、生きやすさが増していくことで、自分が抱える課題と向き合うことが可能となることもある。したがって、子ども虐待ケースに対する心理的支援では、面接場面における非日常性ばかりを重視するのではなく、生活に視座を置いた柔軟な対応を行うことが求められる。

　こうした生活に根差した支援を行う場合、面接室内での二者関係を支援の土台とするのではなく、施設の中で支援者同士がお互いに支え合っている三者関係（ネットワーク）の中で子どもと関わるという構造になる。虐待を受けた子どもに心理的支援を行う際には、安全・安心な生活を保障することがもっとも大切であり、施設生活そのものが「護られた空間」という枠になることで、心理的支援が生きてくる。つまり、子どもへの支援の基幹部分は、チーム支援による生活の中での関わりが担い、心理療法やカウンセリングといった個別的な

関わりは、それだけでは隙間ができてしまう部分をきちんと埋めていく役割を担っていると捉えることもできる。

　こうした視点から施設における心理的支援について改めて考えてみると、軽微なケースであれば、施設という「場」におけるネットワークの環境調整を少しするだけで自然治癒していくだろう。また、逆に、複雑な問題を抱えた困難なケースであれば、子どもを支える「場」のネットワークの見立てを行うことで、二者関係に基づく心理療法を実施することが可能かどうかを見極める必要がある。つまり、虐待を受けた子どもへの心理的支援では、二者関係に基づく心理療法ありきではなく、施設という「場」における三者関係の中でのネットワーク支援を基本線としながら、支援計画を組み立てていくことが重要になってくる。

実践のポイント

　従来の発達理論では、応答的な母子関係（二者関係）の成立を経て、社会的関係、集団（三者関係）へ移行するという方向が仮定されている。しかし、施設では、大人との個別的な関係性を恐れ、一対一の関係を適切に築くことができない子どもたちに、まずは集団の秩序から安心感を得る経験をしたあとに、二者関係の世界を経験するという方向の支援が行われていると理解することができる。このプロセスで支援者は、二者関係と三者関係の世界を子どもと共に行き来し、二つの世界をつなぐ存在として大きな意味をもっていると考えられる。

　このような視点からみたとき、施設の心理職の重要な役割は、集団の中での生活が安定化し、子どもが自分と向き合い始めたときに、一人の「個」として存在する機会を保障することだと思われる。したがって、施設における心理的支援では、二者関係を三者関係に広げていくというよりは、むしろ二者関係と三者関係を行き来しながら二つの世界をつないでいくという発想が必要であり、内的世界と外的世界の両方をバランスよく扱うことが求められているといえる。

2.5 者関係[8]

　乳幼児期早期から長期にわたる虐待を受け、複雑性 PTSD、愛着障害、発達障害などと医学的診断が下された子どもに対する支援において、まずは母子関係の修復を意識した対応が求められる。あるいは、母子関係の修復が困難であれば、養母、里親、施設職員など、特定の大人との二者関係の再構築を図り、その上で、適切な三者関係を図る段階に移行していくといった一般論が考えられる。しかし、前述したように実際の子ども虐待対応の現場では、なかなかそのように支援が展開しないのが現実である。

　二者関係が強調される背景には、母性神話があると考えられる。母親には自分を犠牲にしてでも子どものために尽くす本能が備わっているとする母性神話が、まずは母親的な存在との適切な二者関係の構築を目指すという仮説をつくり出していると思われる。しかし、重要な保護者的存在（母とは限らない）との二者関係で深く傷つき、二者関係をつくり出すことの不得手な子どもにとって、二者関係を強く意識した支援ほど負担の大きいものはない。

　親密な二者関係を強調した支援では、むしろ、かつての心的外傷を身体レベルで刺激しやすく、陰性の感情の想起や多彩な心身の症状を引き起こしやすくなる。その結果、再構築を図ろうとする人との間でも、かつての不適切な人間関係が再現され、二者関係が再び破壊的な関係になる危険性を高め、場合によっては、新たな二者関係でも人間関係が煮詰まってしまう。実は、安定した二者関係を支える基盤には、もともと安全で安心できる「場」がなくてはならないのである。安全で安心できる多様な人間関係の「場」が保障されている世界内でこそ、安定した二者関係の再構築が可能となる。

　人は、必ずひとりで死ぬべき運命にある孤独な存在である。その意味では、二者関係の絆だけを基盤にして生きる生き方では、重要な絆であった対象を失った途端、強い対象喪失感から、簡単に絶望の淵に追いやられてしまう。しかし、人生の孤独を支えるものは、親密な二者関係以上に、誰もが平等に死にゆく世界にむしろ包摂されているという、世界との一体感である。世界に包摂されているという感覚を抱ける者が、一者の孤独に耐えられ、かつ適切な二者関係や三者関係を構築できるばかりか、二者関係や三者関係の不一致の孤独に

も耐えられるといえる。

　世界に包摂される体験とは、具体的な心理社会的支援においては、その場によって包摂されることである。被支援者の具体的生活を取り囲む人たちが構築する安全で安心できる場が必要なのである。保護的な場があることで、二者関係の行き違いも、適切な保護的な場自体に心的に抱擁（ホールディング）されて、適切な二者関係の再構築も可能となる。

　以上を踏まえると、「2.5 者関係が大切」と象徴化してもよいだろう。「2.5」の意味は、二者関係と三者関係の「行ったり・来たり」の繰り返しという意味があるが、ホロニカル・アプローチが重視する部分と全体の縁起的包摂関係という観点からいえば、二者には一者や三者以上が含まれているという意味でもある。すべてが一即多にあるところが場である。人間関係が縁起的包摂関係にあるという実感と自覚のできる「場」の構築こそが、複雑な問題を抱え込んでいる子どもへの支援において求められる。

　永続的な人間関係や場の保障というパーマネンシーは、人と場との縁起的包摂関係の構築という観点から捉え直す必要があると考えられる。

実践のポイント

　親子関係、男女関係、友人関係、治療関係、指導関係、支援関係などの対人関係における二者関係が癒着しすぎないように心がけ、ほどよい関係になるためには、三項関係にあたる対象をしっかりと二者が共有するような関係を構築することが大切になる。

　過度に親密な二者関係は、誇大的万能的に自己愛を満たすような照らし返しを常に親密な他者に希求し、それが得られないと憤怒しやすい自己を育みやすく、結果的に適切な社会的自己の発達を阻害する。そこで必要になるのが三項関係である。ある対象ＣをＡさんとＢさんが共有する関係の構築である。対象Ｃは、人、物、出来事など、対象化できるものならば何でもよいといえる。

　Ａでもなく、Ｂでもない対象Ｃが媒介となって、ＡとＢの融合的関係の分離個体化が促進され、ＡとＢが相互に独立した個として確立されて

いくことが可能となる。媒介Cがあることが、AとBの適切な縁起的包摂関係（ホロニカル関係）を促進するといえる。[9]

☞ **補足説明** ••

　本来、自己と非自己（他者を含む）の関係は、一対一ではなく、一対多と考えられる。親子関係に代表される二者関係は、独占欲によって融合密着化しやすいといえる。しかし、そうした融合密着関係の破綻が分離個体化の契機でもある。AがAとして自律的に存在するためには、AとBの融合を切断するCが必要となる。Cという媒介なきAとBの対立は、反発し合う磁石のような骨肉の争いになる。それを防ぐために媒介Cがあることによって、AとBは、相互に自律した他者的存在（C）にもなりうることを促進する。Cは、親密な関係にあるときのAとBにとっては他者だが、AとCが親密な関係にあるときには、BがAとCにとっては他者になる。二者関係が三者関係にもなりうるという対人関係の意識の芽生えが、そのうち他者が多数になっていくと社会的意識を育み、社会的自己の発達を促すことになる。そしてこうした多数の他者がもっと一般化されていくと「社会的な世界」になっていく。[10]

••

❸ 事例10 ──「なんでボコボコしないの？」

　5歳のC君は、児童相談所による一時保護を経て、小学校3年生の姉のDさんと一緒に同じ児童養護施設に入所した。他にも兄弟姉妹がいたが、定員の関係でC君とDさんだけが同じ施設への入所となった。

　このケースは、両親が障害や生活困難などの重層的な問題を抱えており、しかも関係機関ともうまくいっていなかった。その結果、家族は全国をワンボックスカーで転々とする生活を繰り返し、ついに燃料切れのワンボックスカーで事実上ホームレス状態の生活をしていた。兄弟姉妹の誰もが保育所に

も学校にも通っていないことが警察によって発見され、一時保護を経て、両親の同意を得て子どもたちが全員施設入所となったのが入所の経緯である。

　入所後、C君は幼児棟、Dさんは女子棟で生活することになった。ところが、二人は廊下ですれ違いざま、必ずといってよいほど挨拶代わりのように激しい取っ組み合いをした。そのため、C君の担当指導員のXさんは、その都度、二人を引き離し、C君を居室に連れて行き、興奮するC君のクールダウンを図っていた。このときにいつもC君は、「なんで（Xさんは）ボコボコしないの？」と不思議そうに尋ねてきたが、Xさんは、その意味を了解しかねていた。しかし、あるときXさんが姉弟を引き離した際に、ふと〈ひょっとすると、ボコボコとはC君にとって、いつも狭い空間で、お互いの居場所確保のために、よく野生のトラの子同士が一見喧嘩し合っているようなじゃれ合いをするのと同様の意味を持つのではないだろうか〉と考えた。そして、〈もしそうだとすると、ボコボコしてくれないことの方が、C君には、担当指導員から嫌われたかのような見捨てられ不安を抱かせてしまっていたのではないか〉という思いに至った。

　こうした思いを抱いたXさんは、C君に〈私は、ボコボコなど、C君を叩くことはしないよ。でも私はC君のことが大好きだよ〉とはっきりと伝えた。するとC君は、「ふーん」と不思議そうな顔をしながらも、うれしそうな態度をとった。その後、C君はベッドの横に、Xさんと一緒に撮った誕生日祝いの写真を飾るようになり、不眠がちなところがあったのが、ぐっすりと眠るようになった。

　一見すると子どもの不可解な行動であっても、その背景には必ず子どもなりの理由がある。子どもからみれば、虐待やネグレクトなどがある不適切な家庭環境とは、本来、自分を保護するべき存在である保護者が不安と恐怖に満ちた存在であるという世界である。しかし、たとえ虐待やネグレクトをする保護者だとしても、幼い子どもにとっては存在のすべてであり、子どもは必死に虐待的な環境に適応しようとする。その結果、愛着形成や社会性の発達に歪みが生じ、さまざまな行動上の問題を呈するようになる。

　事例10は、さまざまな問題が重複するネグレクトケースであった。両親は精神障害を抱えており、養育能力に乏しく、貧困による車上生活によって兄弟姉妹全員の心身の発達に影響が及んでいた。こうした不適切な養育環境によって適切な愛着関係、母子関係、信頼関係が築かれていない場合、子どもの将来にさまざまな行動上の問題を引き起こし、人格形成に深刻な悪影響を及ぼす。このような心理社会的問題を抱えるケースに対して、支援者は慌てたり感情的になったりすることなく、まずは今の環境が子どもを傷つけたり攻撃を加えたりするものではないことを明確に伝えることから、支援を始めることが求められる。その上で、子どもの適切な理解を図り、心理社会的問題に対する見立てに応じて支援を展開することが必要となる。

❹ 子どもの心的問題に応じた支援のあり方[11]

恐怖と憤怒

　深刻な虐待から保護された子どもは、たとえ施設入所によって「今・ここ」での安全・安心な生活が保障されたとしても、虐待体験の心理的影響による強い恐怖に悩まされ続けることになる。こうした恐怖を抱く子どもへの支援において、施設などの現場で働く支援者は、子どもと共に恐怖にしっかり対峙しなければならない。そして子どもにとってほどよい保護的対象として、子どもの激しい問題行動の嵐にさらされながらも「生き残る」ほどの覚悟が求められる。

　しかし、実際には、恐怖を抱く子どもとの闘いに支援者が巻き込まれてしまうことも少なくない。これは、子どもがあたかも支援者すら恐怖の対象であるかのように振る舞ってくることに支援者が感情を揺さぶられて、冷静な対応ができなくなってしまうからだと考えられる。あるいは、恐怖に圧倒されている子どもの弱腰な姿勢に対して、傍観的立場から批判的になってしまい、子どもに闘いを挑んでしまうこともある。

　恐怖に圧倒されている子どもに対しては、子どもの観察主体から恐怖そのものをいったん区分し、対象化する必要がある。その上で、外在化された恐

怖に対して、共に手を取り合って対峙し、恐怖が去るまでその対応を一緒に模索し続ける必要がある。このとき、支援者自身が恐怖に呑み込まれてしまうと、もっとも危険な状態になるため注意が必要である。子どもと闘うのではなく、子どもと共に、"こころの闇"（悪魔的な面）に協働して対峙する覚悟が大切になる。また、事例9で示したように、憤怒を抱く子どもに対しては、荒れ狂う"こころ"を鎮めることが必要となる。そのためには、支援者の抱擁が必要となる。抱擁なき憤怒の連続的表出は、自己及び他者をも破壊し尽くすだけになりがちである。ここでいう抱擁とは、身体的なハグを意味するわけではない。心的抱擁こそが重要といえる。

心的抱擁とは、慈悲的なまなざしでもって子どもを抱えることで、子ども自らがその身体的自己を通して世界や人への安全感や安心感を体感できることである。施設における支援では、子どもを一人の支援者だけで抱える必要はない。複数の支援者で保護的ネットワークを形成し、施設という「場」自体が保護的容器となって、子どもを抱えることができればよい。こうした心的抱擁によって、子どもは他律的に憤怒を鎮めることが可能となる。

実践のポイント

　支援者は、あくまで子ども自らが憤怒を適切に抱え込めるようになるまでの補助的役割に徹することが大切である。こうした周囲の適切な保護的容器が、いずれ子どもが自己と世界を対象化して観察するときの観察主体に内在化し、それによって子どもは憤怒する内的現実主体を自ら鎮静化することが可能となるからである。恐怖には共に闘い、憤怒には鎮静化の役割を補助的に担うことが支援者の態度として重要になるといえる。

パニック

虐待を受けた子どもは、施設生活の中で感情のコントロールができなくなり、衝動的な行為を伴うパニックが生じ、集団生活をスムーズに送ることが困難になることがある。

パニックは、予期不安や得体の知れない漠然とした不安などが契機となり、

内的現実主体の直覚機能が身体的自己の過敏性と連動して過剰に反応することで起きる。内的現実主体をさらに慌てさせ、身体的自己の過敏性を一層増悪させるのが、過呼吸、発汗、振戦（ふるえ）、息切れ感、窒息感、圧迫感や動悸などの自律神経系の反応の亢進である。亢進現象が身体的自己の反応をさらに増幅させ、内的現実主体の直覚による全体的自己への統合化を不可能にし、内的現実主体を観察対象とする観察主体が適切な観察機能を失って一時的なパニック状態に陥る。観察主体が柔軟性に欠ける偏った考え方（ホロニカル主体：理）を内在している場合だと、認知機能もうまく作用できず、予期不安をさらに高め、身体的反応や内的現実主体の鎮静化に失敗し、主体の自己に対するコントロール不全状態が常態化していく。

実践のポイント

　パニックに陥ったとき、身体的反応や内的現実主体を観察対象とする観察主体が身体的反応や内的現実主体を制御・コントロールしようとすればするほど、溺れる者は藁をもつかむかのように、ますます深みに落ちることが多い。むしろ、呼吸を整え、気になる症状ばかりに意識を集中するのをやめるために、気になることをいったん脇に置いておく方がよいといえる。

　その上で、できるだけ気持ちを落ち着かせて、ただあるがままに身体の亢進現象の事実を受け止めていく。ホロニカル・アプローチの技法の「ただ観察法」が有効である。少し落ち着いてきたら、できるだけ周囲の出来事に意識を向けるようにしていくと、次第に身体反応が鎮静化するとともに気持ちの方も落ち着いていく。より速効的にできるようにするためには、安全感・安心感をもたらすホロニカル主体（理）のイメージを観察主体が能動的に想像したり、身体反応に過敏になっている内的現実主体の意識の焦点を、呼吸法などで別の身体作業に切り替えたりすることも効果的である。

石化現象

　権威を背景にした暴力・罵声・否定などの圧倒的なパワーを前にして、あたかも石のように固まってしまうことがある。こうした石化現象は半ば自動的に

起きる。しかもくり返し同じ状態にさらされ続けた人は、条件反射的に石化するようになってしまう。石化現象は、絶望や、恐怖や激しい激昂性にさらされたときに、それ以上の危機から自己を守るために、あらゆる反応を麻痺させる自己防衛的反応といってもよいだろう。生命の存在がぎりぎりまで脅かされたときの存在論的な自己防衛機制から石化現象が条件反射的に作動するといえる。石化現象とは、観察主体と観察対象という関係自体が凍結状態になることだといえる。

子ども虐待のようなたび重なる絶望的事態の連続的体験は、たとえ石化現象から一時的に解放された場合でも、常に世界に対し過剰警戒的で過緊張状態な身体的身構えを生み出す。しかも、内面の情動や感情を他者から悟られないようにするかのように失感情的となり、外面が仮面のようになる。しかし、こうした振る舞いや言動が相手の激情をさらに刺激してしまって、再被害を引き起こすという悪循環もしばしばみられる。

☞ **補足説明** ・・

石化現象を起こしやすい子どもを目の前にしたとき、石化を否定的な反応として捉えるのではなく、むしろ〈石化しながらも、絶望的状態にあってよくぞ生き抜いてきた〉と畏敬し、その奇跡的生還を賞賛・支持すると、子どもは血の通う実存的自己を少しずつ取り戻すことが可能となる。子ども自身も石化現象のもつ肯定的意味を意識化できるようになると、これまではただ固まってしまい、自分では何もできないとの無力感や絶望感に陥っていただけだと目覚め、ついに苛酷な世界観から生き延びたという解放感を体感できる。

このプロセスは、まず内的現実主体の回復から始まり、子どもは生き延びるための智慧が備わっている自己に自己自身（新たな観察主体）が気づくことで、少しずつ自尊心を回復することができる。こうした主体感の回復は、その後の人生の歩みの岐路となる。

・・・

実践のポイント

　虐待などの被害を受けた子どもが絶望的イメージから回復するプロセスにおいては、内的現実主体が石になることで固く封じ込められてきた激しい内的激昂性が湧出することがある。暴力・罵声・否定などの圧力を前にしていた時期には、表出することが到底叶わなかった情動や感情がすさまじい憤怒となって噴出する。こうした激しい感情を、何かを破壊するためのエネルギーとして活用するのか、それとも何かを創造するために活用するのか、また両者を共に選ぶのかは、子どものその後の生き方を左右していく。

　また、虐待や犯罪などの被害者の場合は、相手を告訴するのか、それともしないのか、それとも赦すのかといった自己決定も、その後の子どもの生き方に大いに影響する。このとき、どう決定するのが正しいかではなく、子ども自らが自己決定できる主体者であることへの目覚めがもっとも重要といえる。最終的には、子どもの選択に任されていることにこそ、真の主体的決定による自尊心の回復がみられる。子どもにとっては、自己決定の主体の立場にあることの目覚めと自覚こそが、石化現象からの真の解放をもたらすといえる。

見捨てられ不安

　児童相談所の子ども虐待ケースの中で、施設入所に至るのは全体の3％にも満たない。児童相談所の介入を受けたほとんどのケースが問題を抱えながらも地域で生活している中で、施設入所が必要と判断されるのは、家庭機能が不全な状態にあり、かつ地縁・血縁関係が脆弱で、保育所や学校など家庭外での適切な見守りもないケースである。そのため、必然的に施設での支援では、子どもの心的症状や心的問題行動の奥にある核心テーマとして見捨てられ不安が浮上してくる。

　しかし、見捨てられ不安を取り上げる場合、見捨てられ不安のまた根底に、存在すること自体への不安があることに留意した方がよいように思われる。存在への不安は、見捨てられ不安より根源的といえる。したがって、存在するこ

と自体への恐怖や不安が、安心へと転換され克服されるならば、見捨てられ不安もその安全感や安心感の中に統合されるといえる。

　見捨てられ不安を抱く子どもへの支援を考えていくとき、実親や実親を代替する里親などを保護者的存在としてあまりに重視しすぎることには注意をしたいところである。見捨てられ不安や存在不安を抱く人ほど、人への不信が強いことが多いためである。大切なことは、生成消滅する自己の存在をいかに捉えるかが人生に大いに影響するということであり、人がいればよいというものではない。哲学、宗教、自然の野山、宇宙によって救われる人は実に多いものである。

　自己と世界の遭遇体験における自己体験の断片を、自己体験の全体の一部として、適切に照らし返すようなホールディング（抱えること）によって適切な内的現実主体が形成されるといえる。しかし、それと同時に、世界がもつホロニカル主体（理）がいかなるものであるかによって、自己や世界を観察対象とする観察主体も相当に影響を受けるといえる。したがって、子どもの直接体験を子ども自身の自己体験として、周囲のものが照らし返すときに、どのような社会的文脈や文化的影響のもとでどのように意味づけるかによっても、その後の子どもの自己や世界に対する受け取り方が異なってくる。

実践のポイント

　施設では、感情が移り変わりやすく、ほんの些細なストレスや否定的な感情に耐えられず、怒りや悲しみの感情を爆発させる子どもと接する機会が日常的にある。こうした子どもの憤怒に対して、支援者がそのまま慈悲深く無条件に受け容れるのか、〈今日は機嫌が悪いね〉と言うのか、〈そんなに泣いていると鬼がでてくるよ〉と言うのか、〈泣き虫ね〉と言いながらあやすかどうかは、刻々変化する子どもの身体感覚や気分の変化にいかに波長を合わせていくのかの差異とともに、その後、子どもの観察主体に内在化されていくホロニカル主体（理）のイメージに大いに影響していく。

解離

　虐待という反復性のトラウマにより、子どもが精神的に病的な症状を呈することがある。具体的には、記憶障害や意識がもうろうとした状態、離人感などがみられることがある。さらに強い防衛機制としての解離が発現し、まれには解離性同一障害と呼ばれる多重人格のような状態に発展する場合もある。実際に、施設で対応に困難を感じる子どもには、解離の症状があることが珍しくない。

　解離は、一般の人が経験する軽いトランス状態のようなレベルから、多重人格と呼ばれるような病的なものまで、いろいろな心的構造や心的機能レベルでみられる現象である。リストカットなどの自傷行為をする人、身体的暴力や性的暴力を受けた人、自然災害や突然の犯罪などに巻き込まれたときに生じる急性ストレス障害（ASD）、心的外傷後ストレス障害（PTSD）、健忘症状や遁走行為といった症状が出現している人にもよくみられる現象である。

　ホロニカル・アプローチの見立て論（第4章参照）から解離について考察すれば、解離症状を示す人は、たとえ外部からの不適切な情報であっても、無検閲的かつ受動的に取り込む傾向が強い状態に陥る。その上で、不適切なホロニカル主体（理）を内在化する観察主体である他律的外我や内外融合的外我が内我による夢想に論理的根拠を与えてしまうことで、内的世界と外的世界の境界が不明確になり、混乱することになる。その結果、外的世界の時間や空間認知も歪められ、外的現実世界への注意が散漫となり、順序立った計画的な物事の実行も危うくなる。

　軽いトランスレベルの解離としては、内我と外我（詳しくは資料編の資料1を参照）の切り離しがある。白昼夢などがその典型例である。白昼夢は、外我は表面的には適応的行動のための機能を果たしているものの、実際の意識の中心的活動は、内我ばかりに集中している状態といえる。周囲の人からすれば、まさに「心ここにあらず」の状態にみえる。逆に、自己と世界の出あいの直接体験を直覚する内我を切り離し、ただ外我だけで適応を図っている場合も知性化された解離といえる。

　解離の背景には、存在する自己（内我）と存在する自己をみる自己（外我）との切断や、意識の二重化現象があるといえる。このとき、外我が、内我の自

己と世界の出あいの直接体験のアクチュアリティと切り離されるため、外的世界はモノ化し知性化される。一方、内我に対して、外我が比較的機能していれば、社会生活は維持されている。

　強い解離の背景には、内我によっては直覚統合できず、強く否認・隔離され切り離され断片化された自己体験がある。内我にとって、この断片的自己は、激しい内的激昂性と衝動性を内在し、破壊的なものであるがために切り離されている。また、激しい憤怒が意識に上らないようにするために、観察主体となる他律的外我や内外融合的外我も、内我との対話軸を切り離してしまっているので、内我の直覚する直接体験を時間的に意味づけて、一つの人生という物語として再構築することができなくなっている。主観的には、過去のことを問われても「よく覚えていない」という状態になる。この状態がひどくなると社会生活にまで支障が及ぶことになる。こうした状態にまでになると、当事者ひとりでは、切り離され断片化された自己体験を内我に空間的に統合したり、外我が内我の自己表現するものを時間的な物語として再構築したりすること自体が難しくなる。人生の特定の期間の記憶がなかなか思い出せなくなることもある。

実践のポイント

　解離に対応するには、まず子どもの内我が、自己と世界の出あいによる直接体験を複雑なままに直覚することを積極的に奨励する姿勢が求められる。出あいの体験に言葉を与えるときは、支援者が安易に解釈するのではなく、被支援者に生じている身体感覚のアクチュアリティの保持を大切にする必要がある。

　例えば、子どもが「もう許さない」と激しい口調で涙を流しながら憤怒を表した場合でも、〈怒りを感じるんだね〉と複雑な情緒的体験に対して単純化された言語で名を与えてはならない。むしろ、子どもの無意識的仕草を模倣しながら、〈もう許さないという感じなんだね〉と反射したり、〈涙も流しているけど、許さないという気持ち以外にも何かある？〉と対応することが大切である。すると、「寂しい……」と怒り以外の悲哀の感情が出てきたりするものである。多重人格と言われるような子どもの場合

などでは、次々と登場する新たな“こころ”の現象に対して、つい年齢、性別、性格などを取り上げたくなるが、支援者がそうした態度をとればとるほど、子どもの人格は多重化していく危険性をはらんでいる。

　解離を示す子どもの多くは、観察主体自体の被暗示性や他律性が高く、仮に外界にある不適切なホロニカル主体（理）や外的対象に対して、状況依存的、無批判的、受動的に取り入れてしまう傾向がある。その結果、周囲の情報や価値が錯綜している場合には、子どもの対人関係、社会的関係や社会的活動は一貫性に欠けるものとなり、社会的トラブルが増える。そこで支援者は、内的対象関係ばかりでなく、外的対象関係（家族、社会）が、これまで以上により安全感や安心感を実感することのできる現実的でほどよい生活環境となるように調整することが大切である。

　このとき、子どもと外的対象との関係性については、協働的な俯瞰的視点から、より安定した外的対象との関係づくりを模索することが重要ポイントとなる。この協働作業を通して、現実的でほどよい環境が、適切なホロニカル主体（理）となって観察主体にじっくり内在化されていくのを待つことが大切である。

トラウマに伴う激しい感情の切迫[12]

　虐待を受けた子どもに対してカウンセリングを行っているとき、トラウマに伴う不安感、恐怖感、不快なイメージや激しい陰性感情などが、子どもの観察主体にとってコントロール不全になるような状態にまで切迫してきた場合には、次のような対応が必要になる。

　トラウマに伴う不安感、恐怖感、不快なイメージや激しい陰性感情などの傷ついていた内的現実主体の排出的語りを、支援者は適切な受容器となって共鳴的に受け止める。そうしながらも、受容的傾聴に徹するだけではなく、積極的に子どもの観察主体を補助するような感じで、排出された内容物を冷静に鏡映的に要約反射することが大切になる。鏡映的に要約反射することで、子どもの観察主体の機能強化や回復を促進するのである。

　例えば、未消化で混沌としたまま吐き出された内容物を、まずは何かに外在

化する前段階の手続きとして〈お父さんを殺したいほど恨んでいる気持ちは、A君にとっては、すごく怖いものみたいだね〉〈B君にとって、先生に注意されて怒りを抑えられなくなる気持ちには、得体の知れない何かがあるという感じなのかな〉〈Cさんにとっては、消えてなくなりたいほどの気持ちは、とてもモヤモヤしていて吐き気をもよおすほどのものが何かありそうだね〉〈Dさんの身体にとっては、おまえなんか産まなければよかったという言葉は、とても受け容れることのできないものなのかな〉と、鏡映的に要約反射することで、自己にとっては消化不良な異物となっていることの観察主体による意識化を補助していくのである。

　こうした消化不良な異物感の排出は、「今・このとき」「この場」で、しっかりと支援者に共有されるという安全感と安心感を、子どもがもてるようになるまで続けることが必要である。子どもの今の自己の器の容量では受け止めきれなくてあふれ出てしまうものを、支援者と一緒になれば、共に大きな容器によって受け止めることができる。このような対応が子どもに安全感と安心感をもたらす。こうした直覚が、それまでの身体的緊張、不安感や恐怖感を減じさせることに効果をもたらす。過去の外傷体験によって、主体感が奪われてしまっていた状態から、「今・この瞬間」における主体感の回復を体感できるのである。つまり、過去の心的外傷による現在の支配から、過去を過去のものとすることが可能となるのである。

　このようなやりとりから、少しでも子どもの内的現実主体が「今・ここ」における安全感・安心感を体感したならば、その増幅・拡充を図りながら、内的現実主体が記憶している過去の外傷体験時を、支援者が子どもの観察主体と協働するようにして共に直面化していく。過去の場面を、小物を使ったりして外在化して再現するのも有効である。この段階になると、子どもの観察主体は、適切なホロニカル主体（理）をもった支援者に支えられている間ならば、内的現実主体に内的現実主体自身が抱いている感情やイメージを自己主張させることを許容できるようになっていく。技法としては、感情の言語化、描画化、比喩化、命名化、身体感覚の象徴化なども有効だろう。

　次に、これまで観察主体だった外的現実主体（外我）と内的現実主体（内我）

の二つを外在化し、外我を補助的にエンパワメントしながら、内我に圧倒されないように両者の折り合いや調停を図っていく。このとき、常に支援者は、適切で保護的なホロニカル主体（理）の役割を担い続ける必要がある。

　こうした作業の繰り返しによって、これまでの観察主体にとって観察対象にすることができなかったものが、観察対象として観察可能なものになり、観察主体と観察対象の一致する方向に向かっての自己と世界の自己組織化が可能となる。

実践のポイント

　面接の早い段階から、子どもの圧倒的な不安感、恐怖感や外傷体験に伴う表象と付随する感情や情動などを、「今・ここ」での安全感・安心感の布置する場で、子どもの観察主体から適切な心理的距離をもって観察可能な対象物となるように支援していくことが重要である。

　強い外傷体験などは、全体的自己から切り離されたり、疎隔化されたり、否認されたりしてしまっている。そうすることで、自己は、「今・この瞬間」を生き延びるような自己照合システムを構築してきたといえる。しかしその状態では、子どもが適切な自己を自己組織化する上で支障をきたすようになる。こうした事例では、ある特定の気分や身体的感覚を刺激されるような類似体験全般に対して、切り離し、疎隔化、否認などの自己照合システムが、記憶に関係する神経学的レベルの反応と密接に絡み合って作動していると考えられる。それだけに日常生活への支障となるような段階では、外傷体験に焦点化した心理療法の必要性が生じる。

　トラウマ・アプローチの場合、変容の基盤となるのは、今・現在（面接関係における「今・この瞬間」）が安全で安心かつ信頼のできる場であることである。しかも、このことが子どもの直接体験を通じて体感できることである。そうした枠組みの中から、子どもは過去の体験との直面が可能となる。安心と不安、安全と危機の行ったり・来たりを通じて、これまでのトラウマに特化してできあがってしまっている自己照合システムの変容を図ることが可能になる。そのために、トラウマに焦点化した心理療法では、

徹底的に直接体験レベルの自己の身体感覚、気分の変容に焦点を合わせていくことが肝要である。

　安全で安心できる「今・この瞬間」という支援構造の中で、過去の不一致を想起することこそが、今は大丈夫なんだという感覚に基づく自己と世界の自己組織化を促進するのである。

感情を体験することの大切さ[13]

　ホロニカル・アプローチでは、感情を語り、そこに「怒り」「悲しみ」などと名を与えてしまうこと以上に、複雑な感情そのものを体験することが鍵と考える。感情を体験することは、感情を体験している自己の直接体験そのものを体験することに他ならない。ホロニカル・アプローチでは、主体も客体も分離される以前のあるがままの経験が何よりも先立って存在していると考える。自己と世界の出あいの直接体験は、何らかの知的判断を入れず、ありのままに捉えること、主客の区分の分岐する前の刹那の体験をそのまま直覚することによってもたらされるのである。

　直接体験とは、場の変化に応じて刻々変化していくプロセスといえる。こうした刻々変化していくプロセスを主体（発達段階に応じた現実主体）が自覚的に把握し続けていくことが、場の状況にもっとも即した適切な自己の変容をもたらし続けていくと考えられる。このように主体と直接体験の関係を考えるとき、主体の直接体験自覚とその自覚に基づく何らかの自己決定が、再び自己言及的に直接体験に影響するといえる。

　「個人があって経験があるのではなく、経験があって個人がある」という西田幾多郎の言葉があるが、ホロニカル・アプローチの立場からいえば、主体があって体験するのではなく、体験があって主体があり、しかもその主体の体験の自覚と意志が自己言及的に体験にも影響するわけである。こうした絶え間なき自己と世界との出あいの流動的な直接体験のプロセスに直に触れるところに、適切な内的対象関係や外的対象関係を形成していくことができれば、適切な自己と世界の自己組織化が可能になる。

　観察主体が発動する以前のまだ言葉にならぬ流動的直接体験に対して、観察主体がどのような態度をとるかは、生き方の差異につながっていく。観察主体が時々刻々変化していく自己と世界の出あいの直接体験の流れに、ただ翻弄され受動的に流される道を選ぶのか、できるだけ無視して観察主体優位に生きようとするのか、それとも必要に応じてしっかりと流れに竿をさすような観察主体の生き方を選択するのかによって、その後の人生に差異が生じるのである。

❶ 事例11 ── 支援会議による保護的ネットワークづくり[1]

　3歳のA君の母親には精神疾患があり、精神的に不安定になると、A君に対して「死ね」「バカ」と怒鳴ったり、ときには叩いたりすることもあった。児童相談所が中心となって在宅支援をしていたが、母親が体調を崩して入院したことをきっかけに、A君は児童養護施設で生活することになった。

　児童相談所は、母親が退院し、A君との親子交流を開始するタイミングで、家族再統合に向けて、父親、母親、祖父母、地域の協力者が参加する支援会議を実施することを提案した。そこでの話し合いの結果、母親は、体調がよく精神的に安定しているときはA君と適切に関わることができるが、精神的に不安定なときには、誰かの助けが必要なことがわかった。そのため、「母親が不安定なときであってもA君が安全・安心でいられるようにする安全計画を、家族が主体となって作成すること」を支援目標とした。

　その後、面会、外出、外泊、長期外泊といった段階的な親子交流は順調に進み、A君の家庭復帰に向けた支援会議が開催されることになった。当日はA君、父親、母親に加えて、祖父母や保健師や保育士などの地域の支援者も参加した。しかし、ファシリテーターの児童相談所の児童福祉司が家族に主体的に安全計画を考えてもらおうとすると、母親が「私は母親失格だから無理。もう死ぬしかない」と声をあげて泣きだしてしまった。

　その瞬間、児童福祉司は、〈お母さんは、このようにパニックになるときがあります。そのときにA君に危険がないようにどんな行動をしていますか？〉と穏やかに問いかけた。すると、母親は「おじいちゃんに電話しま

す」と答えたので、祖父にどうするのか質問すると祖父は「近所に住んでい
るので、すぐに家に駆けつけて、お母さんをなだめたり、A君と遊んだりし
ます」と答えた。児童福祉司が〈その結果、A君は……？〉と問いかけると、
祖父は「A君は安全です」と迷いなく答えた。こうした一連のやりとりを見
ていた父親が「これが安全計画なんですね。これだったら、私たちでも考え
られます」と力強く語り、その後の話し合いは一気に進んでいった。

　支援会議で話し合った安全計画の内容は、両親が言葉と絵を使ってわか
りやすくまとめ、A君に説明した。A君は説明に納得すると笑顔で絵に色を
塗った。このように子ども・家族・支援者の協働によってつくられた安全計
画は、関係者に共有された。そして、家庭復帰後のモニタリングの方法など
についても丁寧に検討し、地域に保護的なネットワークが形成できたという
児童相談所の判断により、A君の家庭復帰が行われた。

　A君が施設を退所してからも、安全計画の見直しをするために、支援会議
は開催された。このように地域での十分なアフターケアが行われることで、
A君は家庭でも安全・安心に生活することができるようになった。

　事例11では、当事者参加型の支援会議の場で、児童福祉司が安全計画の作
成について家族に投げかけたときに、母親が泣きだしてしまった。この瞬間に、
このケースのすべてが織り込まれていたといえる。母親は、自己と世界への不
信からくる不安感などから精神的な問題を抱えており、子育てがうまくいかな
いことの責任を一人で背負い、激しい自責の念に囚われていた。何を言われて
も自分が責められていると捉えてしまう母親の特徴が、「母親失格」という一
言に凝縮されていたといえる。

　この局面で、児童福祉司は、母親の中で生じている激しい感情の渦に巻き込
まれそうになりつつも、家族の強みを信じて、子どもの安全のためにすでにで
きている例外に焦点を当てた質問を繰り返し、家族や地域の支援者からアイデ
アを引き出していった。その結果、会議全体があたたかい雰囲気で包まれるよ
うになり、母親は責められているというより、むしろ母親自身がみんなから支
えられていることに改めて気がつくことに至った。

こうしたプロセスを経て、支援者や地域から家族に対する肯定的なまなざしが向けられるようになり、夫婦関係、親戚関係、地域との関係が改善していく中で、子どもの安全を保障する保護的ネットワークが構築された。その結果、家族の希望通り早期の家庭復帰を実現することができ、その後も必要十分なアフターケアがなされることで、母親の精神的に不安定になりやすいという問題を抱えながらも、家族の再統合が促進されていった。

② 家族再統合に向けた心理社会的支援 [2]

家族再統合の必要性

子ども虐待対応の目的は、児童虐待防止法第1条に、「児童の権利利益の擁護に資すること」と明記されている。また、同法第4条には、国及び地方公共団体の責務として、「児童虐待の予防及び早期発見、迅速かつ適切な児童虐待を受けた児童の保護及び自立の支援並びに児童虐待を行った保護者に対する親子の再統合の促進への配慮その他の児童虐待を受けた児童が良好な家庭的環境で生活するために必要な配慮をした適切な指導及び支援」を行うことが謳われている。

2000年の児童虐待防止法の成立以降、児童相談所の子ども虐待対応は格段に迅速になり、必要な場合の親子分離は積極的に行われるようになった。しかし、子ども虐待とは、保護者を有害視し、子どもを保護者から切り離して保護するだけで根本的に解決するものではない。むしろ長期的には、家庭と保護者からの分離に伴う心理的な影響を抱え、社会や他者に対してだけでなく自己にも不信を抱く子どもを大量に生み出してしまう危険性も考えられる。そのため、子ども虐待対応における介入の目的を達成するためには、子どもの安全確保だけでは不十分であり、個々のケースにおける子どもの最善の利益とは何かを意識しながら、家族再統合に向けた心理社会的支援を展開していく必要がある。

☞ **補足説明** ••

　重大な虐待死事件が立て続けに起きたことで、児童相談所には大きな転換が迫られ、日本の子ども虐待対応には、従来の受容的なアプローチから、保護者の意に反してでも子どもの安全確保を最優先とする介入型アプローチへとパラダイム・シフトが生じた。しかし、虐待のリスクに対する過剰防衛ともいえる介入主義はその後の家族支援を困難にし、保護された子どもは家庭や地域とのつながりを失うことになり、施設などで不適応を起こすという負の連鎖を生み出すことにもなった。

••

家族再統合とは

　家族再統合の定義をめぐってはさまざまな意見があり、「家庭復帰」と「家族が安全・安心にお互いを受け容れられていること」という狭義と広義の両方の捉え方がある。これらの捉え方は矛盾するものではなく、狭義は広義の中に含まれるものであると考えると、図11のように整理することができる。すなわち、「狭義の家族再統合」とは、単に「家庭復帰」することをさすのではなく、「広義の家族再統合」の状態に至っていることが前提条件となるため、「家庭復帰した上で安全・安心な家族関係を再構築すること」を目指すことになる。このように考えると、家族再統合とは、狭義であっても広義であっても、子どもの安全・安心に焦点を当てることには変わりないといえる。

図11　家族再統合の捉え方

☞ **補足説明** ••

　　国際的な視点からみれば、「家族再統合」とは、「子どもの家庭復帰」を
意味する用語であり、親子が一緒に暮らさずに親子関係を修復することは
含まれない。その一方で、日本の実情では、施設入所などに至ったケース
で完全な家庭復帰ができる事例は限られているが、定期的な面会・外泊と
いった部分的な家庭復帰、手紙のやりとり、経済的支援といった形での家
族交流が図られているケースは多い。また、親子が一緒に暮らす目標達成
が困難であったり、現実の親との交流が難しかったりするケースであって
も、内的な適切な親なるイメージの内在化を促進する支援を行うこともあ
る。そのため、家族再統合を狭義に捉えるだけではなく、ケースの見立て
に応じて広義にも捉えて支援した方が現場の実態に即していると思われる。

••

家族再統合支援の考え方

　家族再統合支援には、児童相談所、児童福祉施設、市町村、民間団体など、
さまざまな機関が携わっている。子ども虐待とは、単一の要因で生じるもの
ではなく、さまざまな要因が複雑に絡み合って生じるものである。したがっ
て、その支援対象も多岐にわたり、子どもや保護者といった個人だけではなく、
その周囲の人や環境との相互作用までを全体的に捉えて、多機関多職種連携を
ベースとした多面的な支援を行う必要がある。

　具体的な家族再統合の支援対象としては、子ども、保護者、親子関係、親族
などがあげられる。地域関係機関との支援ネットワークを絡めながら、これら
の支援が重層的、複合的に進展することで家族再統合が展開される。そのた
め、第5章「危機への介入」、第6章「家庭訪問支援」、第7章「施設での生活
臨床」はもちろん、本書で紹介した子ども虐待への支援の実践の多くが家族再
統合の支援プロセスに関係してくる。

　家族再統合支援の具体的な方法として、児童相談所などでは、暴力や暴言を
使わずに子どもを育てる技術を保護者に伝えるペアレント・トレーニングを
ベースとした実践が行われている。しかし、実際の現場では、保護者の行動変

容を目的とした心理教育的なアプローチだけでは、状況の改善が見込めない
ケースも少なくない。そのため、家族再統合支援の考え方としては、必ずしも
保護者を変えることを目的としないという発想も重要である。実際に、**事例
11**のように地域に保護的ネットワークを形成することができれば、保護者の
精神的な不安定さというリスクを抱えた状態であったとしても、子どもを家庭
復帰させることは可能である。

☞ **補足説明**・・
　　家族再統合支援の方法としては、子どもへの心理療法、プレイセラピー、
　保護者への心理教育的アプローチ、カウンセリング、親子関係の改善を目
　的とした段階的親子交流、親族を含めたファミリーグループカンファレン
　スの実施など、さまざまな心理社会的支援が想定される。こうした支援は、
　単独の専門職や援助者で行うことはできないため、家族再統合を目指すに
　は、多機関多職種の協働が必須である。
・・

❸ ホロニカル・アプローチによる家族再統合支援

外在化[3]

　外在化は、ナラティヴ・セラピー（社会構築主義）、ブリーフ・セラピー、認
知行動療法などでも一つの技法として使われているが、ホロニカル・アプロー
チでは、"こころ"の内・外の心的現実を被支援者と支援者の双方に共有可能
な形で、面接場面に具体的に顕在化させる作業全般のことを外在化と呼ぶ。仕
草・動作、イメージ、夢、描画、箱庭、小物の使用など、外在化にはいろいろ
な方法がある。
　心的葛藤がある場合は、相反する両極を外在化すると、相対立する両極性を
より上位の観察主体から俯瞰的に観察することが可能となる。こうした外在化
によって、自己の内にあったものが自己の外に表現されると、これまでの観察

主体と観察対象の関係に新たな関係が創出される。外在的に自己表現された対象は、新たな観察主体を得て、自発自展し始めることが多くなる。内在化していた内的世界が外的世界に外在化されると、今度は外在化されたものが再び内界に影響を与えるといった、新たな円環的循環ができあがるからである。

描画、文字、箱庭、遊びや仕草・動作によって表出されたものが、今度は新たな観察主体の気づきに影響を与えるのである。このとき、新たな観察主体が適切なものであれば、安全感と安心感をもって自由な自己表出が持続的に可能になる。

心理社会的支援において、悪循環の気づきや、悪循環から抜け出すための方法の気づきが起きたならば、すぐに内在化されたままの気づきを言葉で書き記したり、描画や箱庭などにしたり、さらには、それらを写真などに撮ったりして、被支援者と支援者が共に対象化し共有することが効果的である。しっかりと体験を深めるというイメージである。こうした一連の作業が、問題パターンや問題解決パターンの適切な観察主体からの自覚を促進していくことになり、その後の被支援者の適切な自己と世界の自己組織化を促進することへとつながる。

家族再統合支援においては、子どもや家族と一緒に描く「三つの家」というツールが活用されることがある。「三つの家」とは、ニュージーランドで開発された情報収集ツールであり、家の形をした三つの枠組みの中に子どもや家族の問題などを外在化しながら話し合う（図12）。具体的には、「心配の家」に虐待などの家族が抱えるリスクについて描き、「いいことの家」に家族のうまく

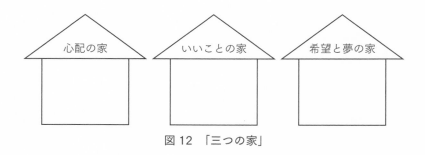

図12　「三つの家」

いっていることや強みについて描く。さらには、「希望と夢の家」に家族の願いや目標を描く。

　ホロニカル・アプローチによる家族再統合支援では、「三つの家」などの外在化するためのツールを活用し、できるだけ問題を俯瞰的枠組みの中で対象化することで、問題を共有し、かつ共同研究的協働関係の中で、被支援者のより生きやすい道を共に発見・創造していくような三項関係に基づいた支援を行う。

実践のポイント

　ケースによっては、自分の思っていることを外在化するだけでも変容していく場合がある。直接体験が曖昧で感覚運動的なものにとどまっていたのが、外在化によって自ら自覚的な内省が可能になるからと考えられる。

　心的症状や心的問題に関して、一部のトラウマを受傷した自己をインナーチャイルドとして扱うことも、過去の自分として扱うことも、現実の場面を丁寧に再現することも、自己の中にあるコントロール不可能な部分対象のようなものに名称を与える（例えば、"こころ"の中のライオンと名づける）ことも、夢やイメージも、箱庭も、劇化も、外在化の行為といえる。外在化は、主体と不可分に融合していた症状化された部分を、部分として主体から切り離すことで、逆に全体と部分との関係の見直し作業を主体が可能とするための方法といえる。心的症状や心的問題に関わる「何か得体の知れない対象」を外在化することにより、主体から「得体の知れない対象」を切り離し、主体にとっては、訳のわからなかったものを、少しでも主体にとって取り扱い可能なものへと変換することが可能となる。

スケール化法[5]

　解決志向アプローチ[6]でいうスケーリング・クエスチョンや、EMDR[7]で使用される主観的障害単位尺度（SUD：Subjective Unit of Disturbance scale）などと同じように、主観的な感覚などを数値化する方法をホロニカル・アプローチではスケール化法と呼ぶ。例えば、最悪の状態を0点、最高の状態を10点として、今の点数を尋ねたり、〈あと1点あがったとしたら、今と何が変わってい

ますか?〉などと質問したりすることで、現状やゴールの認識の明確化を図る。

　この方法は、苦悩に伴う問題についてもスケール化を図ることができる。例えば、〈今までもっとも緊張の強かった場面での緊張度合いを 10 とし、まったく緊張がなかった場面の緊張度合いを 0 としたとき、そのときの緊張度合いは 0 から 10 の数字に置き換えるといくつぐらいですか?〉と尋ねたりする。ここでは「緊張」の代わりに「不安」「心配」「吐き気」「痛み」「怒り」「悲しさ」などの言葉を使ってもよい。また、過去と現在の数値の差異を取り上げながら〈何が前と違っていますか?〉と差異の明確化を図ることも効果的である。

　何らかの理由で言語化することが困難な場合や、年齢的に複雑な主観を表現することが難しい場合などに活用される。こうしたスケール化法は、適切な観察主体の樹立や強化につながる。

　家族再統合支援においては、スケール化法を子どもの安全に焦点を当てて活用する。例えば、〈子どもが家庭で暮らすことができず施設などに入所する必要があるほど危険な状態が 0 点、子どもが家庭で安全・安心に過ごすことができており、児童相談所はケースを終結できる状態が 10 点だとしたら、今、今日時点は、何点でしょうか?〉と問いかけることが有効である。

実践のポイント

　スケール化法での点数のつけ方には、客観的な基準があるわけではなく、主観で思った点数をつければよい。家族再統合支援では、スケール化法によって、子どもの安全について、子ども、保護者、児童相談所、関係機関がそれぞれ点数をつけることを推奨する。例えば、同じ家族であっても、父親と母親では異なる点数をつけるだろうし、同じ児童相談所の職員であっても、児童福祉司、児童心理司、スーパーバイザー、所長によって点数が異なるだろう。ここで重要なのは、点数を統一化させようとするのではなく、点数の違いから、それぞれがどのような観察主体から何を観察対象としているのかについて相互理解を深める契機にすることである。

Episode

　児童相談所が子どもを保護した後、母親に家庭の安全についてスケール化法によって尋ねたところ、「10点満点」と答えた。それに対して、児童福祉司は〈では、児童相談所は家庭の安全について、何点をつけるとお母さんは思いますか？〉と問いかけると、「たぶん低いと思う。だって、私があの子を叩いたことしか知らないから」と答えた。そのため、〈お母さんが10点という高い点数をつけた、家庭でうまくやれていることを教えていただけますか？〉と質問すると、家庭での普段の養育について語りだした。その後、母親は「本当は10点満点なんかじゃない」と話し、子育てで困っていることについても自発的に話すようになった。

例外への焦点化[8]

　子ども虐待のように多層多次元にわたる頑固な悪循環パターンの繰り返しほど、予測可能なフラクタル構造をもつ。そこでホロニカル・アプローチでは、悪循環パターンを逆利用する。まず小物などを使って悪循環パターンに陥っている被支援者を外在化し、外在化された被支援者を被支援者自身が俯瞰できるようにする。すると次第に被支援者は、特定の出来事に視野狭窄的になって、悪循環パターンを繰り返している被支援者自身を、新しい観察主体から自ら観察することが可能となる。俯瞰的観察は、悪循環パターンに陥っている自己自身を、ほどよい心的距離をもった新しい観察主体から実感・自覚することを促進する。その結果、被支援者は、悪循環パターンに陥る自己自身を予測することが可能になっていく。

　新しい観察主体の段階に至り、悪循環する自己自身を俯瞰することが可能となった被支援者に対して、支援者は、これまでのパターンとは異なる小さな例外的出来事に積極的に焦点化していく。通常、特定の出来事ばかりに近視眼的になっていた被支援者にとっては、小さな例外的出来事は、あたかもノイズのような出来事として無視してきたものばかりである。しかし、支援者が悪循環以外の例外に焦点化することで、被支援者はこれまで無意識だった出来事を意識化することができるようになる。その結果、被支援者は、自ずと悪循環パ

ターン以外の出来事にも意識が向かうようになっていく。視野の広がった新し
い観察主体が、新しい対象を観察することを促進することによって、被支援者
の観察主体と観察対象との新しい関係を創り出すことができるようになってい
くのである。

　実際の子ども虐待への支援の場では、被支援者の新しい俯瞰的な観察主体は、
これまでこだわってきた観察対象と新しい観察対象との間を行ったり・来たり
することだろう。しかし、こうした往復の体験は、これまでの視野狭窄状態に
陥っていた観察主体と観察対象の関係とは、まったく次元の異なる新しい観察
主体と観察対象の関係への変容を促進し、その変容は、やがて被支援者の新た
な自己と世界との関係を構築することにつながっていく。親子関係を修復する
ための支援においては、こうした小さな例外的出来事への焦点化が、とても大
切な作業といえる。

実践のポイント

　虐待を繰り返す保護者であっても、24 時間 365 日子どものことを虐待
しているわけではない。子どもとうまく関わることができている例外は必
ず存在する。その際に、〈子どもとうまく関われているときは、どのよう
なときですか？〉とシンプルに質問するだけでは、あまり有意義な回答は
得られない。ここで聞くべきことは、悪循環パターンに陥りそうだったに
もかかわらず、そのようにならなかった例外である。そのため、〈お母さ
んに精神的な余裕がなくイライラしているにもかかわらず、子どもとうま
く関われているときは、どのようなときですか？〉というように〈〜にも
かかわらず〉をつけるのがポイントである。

保護的ネットワークづくり

　家族再統合のために必要不可欠なのは、地域の関係者が集まる支援会議の開
催である。しかし、当事者を抜きにした支援会議の多くは、労が多いわりには、
案外うまく機能しないものである。当事者が不在の場合には、有効な実践的智
慧が見出せないまま、関係者の理念の差異や空論による対立が展開しがちだか

らである。また、当事者が不在のときは支援会議の場の雰囲気を決定づけていたほど、強気で当事者の批判ばかりしていた関係者が、当事者が参加した途端、急に態度を変えるのもよくあることである。

　そのため、ホロニカル・アプローチによる家族再統合支援では、当事者参加型の支援のためのネットワークの構築を重視する。もし当事者の参加が何らかの理由で叶わない場合は、せめて当事者とうまく関わることができているキーパーソン、あるいはその可能性のもっともある人が支援会議に参加していることが重要である。そのキーパーソンを中心として支援会議での話し合いを進め、これまでうまく関わることができていない人が、どのような姿勢で支援を行っていたからこれまでうまくいかなかったかを、安心して自己開示できるような場にすることが肝である。

　支援を目的とした集まりであれば、一体どのような対応を、どこの誰が、具体的にどのようにすると、当事者の生きづらさが減ってより生きやすくなるかを、みんなで智慧を出し合って考えていける場を構築することが大切になるのである。そうしたネットワークは当事者と「親密な他者」となる「キーパーソン」を何人か生み出し、リスクや小さな変容をみんなで共有し合うことが可能になる。人生を生き延びるための智慧の学びあいの場が、当事者あるいは当事者の信頼するキーパーソンを中心にしたネットワークの構築を可能とするのである。当事者を含み、実際にそのケースに関わりのある人たちが、地縁・血縁に代わる新しい適切な保護的ネットワークを形成することが何よりも重要である。

　しかし、現実は想像以上に対立的で意見も錯綜する。子ども虐待ケースでいえば、当事者が不在だったり、キーパーソンが不在だったりすると、在宅支援ではもはや限界で施設入所にすべきだと主張する人と、在宅支援でいくべきだという人の間でまったく方針が異なり対立する場合などが、ネットワーク化を破壊する大きな要因となる。こうしたときには、法的・行政的責任を憲法・法令・要綱等やこれまでに培った実践の智慧などを手がかりに、関係者の少しでも折り合っていける方向を模索し、実際の経過を見定めていくしかなくなる。大切なことは、最初から正しい答えなどどこにもなく、実践の中で、より望ま

しい答えが明らかになってくることをせめて関係者が共有していくことにあるといえる。

　ネットワークに参加する人は、持論や信念を披露するのではなく、意見の対立や不一致に伴う不確実性に耐えながら、みんなで経過を見極めながら、よりよき方向を見定めていく姿勢が求められるといえる。

☞ **補足説明**・・

　ホロニカル・アプローチによる家族再統合支援における支援会議のあり方にもっとも近いのは、オープンダイアローグ[10]だと思われる。オープンダイアローグとは、フィンランドの西ラップランド地方で開発された画期的な介入方法であり、精神病の発症初期に、依頼があってから24時間以内に専門家チームが出向いていき、患者本人や家族、友人らと連日、車座になって「開かれた対話」を行うことで、薬をあまり使わずに危機的状況を解消させるものである。

　オープンダイアローグのもっとも大切な原則の一つは、「患者本人抜きではいかなる決定もなされない」ということである。また、ミーティングにおいては、中立的なファシリテーターの役割が重要視され、すべての参加者に平等に発言の機会と権利が与えられ、「専門家が指示し、患者が従う」という上下関係はない。参加者一人ひとりが対等に扱われ、「開かれた対話」を通して多様な観点や声の創造的な交換が目指される。こうした相互性が保たれた対話のプロセスで、複数の主体の複数の声がポリフォニーを形成し、新たな意味を生み出すことが支援の資源となるとされる。

　オープンダイアローグの哲学は、保護的ネットワークの構築を目指す地域臨床型の支援モデルに通じるところがあり、精神科ケア領域に限らず、子ども虐待などの領域にも応用していくことが可能だと思われる。

・・

④ 困難事例への支援のあり方[11]

困難事例の見立て

　子ども虐待の困難事例では、支援者が伝えたいと思っていることがまったく伝わらないなど、言語によるやりとりがうまくかみ合わないときがある。ホロニカル・アプローチではこのようなときほど、非言語的な身体的自己レベルの微妙な感覚を丁寧に見立てていくことを重視する。こうした困難事例の被支援者（子ども、保護者）の観察主体の多くは、幻想的ホロニカル主体（理）を内在化した内外融合的外我（第3段階：幻想）であったり、非言語的表現に批判的な既知のホロニカル主体（理）を内在化した他律的外我（第4段階：他律）であったりする。このような心的構造の場合、内的現実主体は脆弱で、観察主体によって支配・コントロールされがちになる。

　観察主体が内外融合的外我（第3段階）の場合は、内的現実主体の直覚そのものが否認されがちとなるため、出来事が幻想的ホロニカル主体（理）を内在化した内外融合的外我に彩られてしまう。その結果、自己の適切な自己組織化に失敗し、内的現実主体は、嫉妬、被害感、無力感などを強く抱きやすくなる。こうした内的現実主体の態度が周囲に理解されないと、内的現実主体の嫉妬、被害感、無力感などが一層強まるとともに、内外融合的外我による内的現実主体の支配が一層強くなるという悪循環を繰り返す要因となる。

　また、観察主体が非言語的表現に対して批判的な既知のホロニカル主体（理）を内在化した他律的外我（第4段階）の場合は、内的現実主体は自己と世界の遭遇の直接体験面の言葉にしにくい感覚を抑圧されがちになる。そして、他律的外我が、すべての出来事を理性や知的なレベルだけで判断しがちになる。その結果、自己の適切な自己組織化に失敗し、内的現実主体は、劣等感、羞恥心、不安、罪悪感などを強く抱くことになる。このことがさらに他律的外我による内的現実主体の統制を一層強め、悪循環を繰り返す要因となる。

実践のポイント

　花屋で買った花に関するクレームを、その後に行った八百屋に言う。これは極端な例かもしれないが、子ども虐待の困難事例では、このようなパターンと相似的な保護者や子どもと出あうことが少なくない。児童相談所に激しくぶつけてくる非合理的な怒りや悲しみを伴った攻撃を表面的に捉えてしまっては、話がかみ合うことはなく、ずっと平行線になってしまう。こうした困難事例こそ、ホロニカル・アプローチによる自己意識の発達という観点から、丁寧に見立てていくことが重要である。

困難事例への対応の工夫

　こうした困難事例に対応するためには、次のような工夫が必要となる。

　観察主体が内外融合的段階（第3段階）の場合には、心理社会的支援の時空間が徹底的に安全で安心なものになるように配慮する。その中で、被支援者の内的現実主体が、絶望であろうと、憤怒であろうと、何でも自由に自己表現できる一種の非日常的なプレイランドを創り出す。こうした時空間を得て、被支援者は、幻想的ホロニカル主体を内在化した内外融合的外我によって支配されてきた内的現実主体の気持ちを思いきり排出することが可能となる。

　安全で安心できる時空間という場を保障されてはじめて、被支援者は自らの幻想的ホロニカル主体を内在化した内外融合的外我が観察主体をいったん脇におき、内的現実主体による自由な自己表現や自己充足的振る舞いを身につけていくことができるようになる。

　観察主体が非言語的表現に批判的な既知のホロニカル主体（理）を内在化した他律的外我（第4段階）の場合には、まず自己と世界の出あいの直接体験面を内的現実主体が直覚できるように、内的現実主体の強化を徹底的に図る必要がある。このとき、どうしても不適切な他律的外我が被支援者の観察主体となるという悪影響があるため、被支援者による「ただ観察」の徹底化が必要となる。そこで支援者は、被支援者が何かを観察対象として観察するときに、解釈、分析、操作をしようとしないように教示し、内的現実主体と一体となって、自己と世界の出あいの直接体験面を観察し続けていくように図るのである。

　被支援者は、過去の外傷性の出来事、あるいは何か特定の症状や現象ばかりに執着していることが多く、「今・ここ」における自己と世界の出あいの直接体験面の直覚に内的現実主体の意識がいかないことが多いといえる。「今・ここ」で何かに触れているお尻・足の裏、皮膚表面の体感への焦点化や、頭の上から下までのボディー・スキャンによって身体感覚の違和感や凝りのあるところに意識を集中したり、音のすべてを聞いたり、ただぼんやりと外界を全体的に眺望して、太陽や風を感じたり、空気の匂いなどを意識したりすることなども、場合によっては有効である。

実践のポイント

　今・この瞬間における自己と世界の出あいの直接体験の刻々変化する世界について、内的現実主体（内我）の直覚を求めることで、外的現実主体（外我）の有意化に対抗する。そして、他律的外我が観察主体となって観察しているときと、「ただ観察」のときの体感の差異の意識化を求めていくことで、内的現実主体の強化を図る。こうした一連のことは、実は乳幼児がごく自然に行い、それを適切な親であれば、あたたかく見守り奨励することと相同的である。現実主体の未熟な乳幼児は、まさに自己と世界の出あいを感覚運動的なものとして、実感しているといえる。

　困難事例では、乳幼児がごく自然に直覚しているような刻々変化する直接体験の世界を、被支援者の内的現実主体が直覚的に把握する作業を、支援者が被支援者と協働して、より意識的に試みていると言い直すことができる。そうすることで、被支援者の自己と世界に関する内発的な好奇心による自己と世界の自己組織化への欲求を徹底的に高めることが可能となる。

治したり変化させようとしたりする必要はない[12]

　心理社会的支援においては、心的症状や問題が出現するようになる前の状態にまで治して戻りたいと願う人ほど、筆者らの経験からして、なかなか変容が難しいように思われる。むしろ、心的症状や問題を契機に、自分自身や世界を

見つめ直すことに向かう人ほど、より適切な自己や世界を自己組織化できるのではないだろうか。そこには、標準値からの統計学的逸脱を異常または病気と定義し、標準値に戻そうとする医学モデルと、心理社会的モデルの成長・発達モデルとの差異があるといえる。

　過去のトラウマ体験に拘泥し、視野狭窄的になって悪循環に陥りドツボにはまり、今・現在の出来事に対してもすべて過去のトラウマ体験に囚われてしまう人が、過去のおぞましい体験から抜け出し、今・現在を未来に向かって希望をもって生きられるようになったとしても、決して過去のおぞましい体験が記憶から消えるわけではない。仮に、過去のおぞましい体験を想起しても何も感じないようになるのを求めるのであれば、何かに依存するか、解離・否認でもするしかないだろう。しかし、その代償も大きく、そうした人生は生きづらいものとなる。

　適切な自己と世界の自己組織化とは、生きる場所がもつ一切合切の、苛烈で、支配的で、批判的で、悲哀に満ちた人生を自己自身に映しながらも、それを自己に抱え込みつつ創造的な人生をひたすら求めて、死ぬまで生きることにあると思われる。

　しかし、この歩み方は実に繊細である。「元の自分に戻ろうとして治そうとすること」に拘泥しなかったとしても、「新たな自分に変わらなくてはいけない」と拘泥してしまった場合には困難に陥るからである。一方で、「私は私でいい」と思えたときに、負のスパイラルから抜け出すことができる。ただいずれの場合にも共通しているのは、「理想の自己イメージ」と、「今・ここの自己」が相矛盾し対立を起こしていることである。こうしたときは、まずは「今・ここの自己」における直接体験を自己照合の手がかりとし、「今・ここの自己」が、「ほんの少しでも腑に落ちる方向」をひたすら愚直に探しながら生きることが大切だろう。

実践のポイント

　家族支援の前提として、「家族はすでに十分に努力してきている」という姿勢で保護者らに会うことは大切なことである。家族再統合支援では、治療することを目指すことは少なくとも、変化を生み出すことを目的とすることは多いだろう。しかし、保護者などに対して、頭ごなしに変わることを要求することは、保護者の自尊心を傷つけることになってしまう。そのため、支援者は、評価的視点を捨て、保護者らと共に「ただ観察」することから支援を始め、悪循環パターンの中で何とかやってきたことをねぎらうことが大切である。

　子ども虐待の困難事例においては、治したり、変化させたりしようとする必要はなく、むしろ「あなたはあなたのままでいい」と存在を承認することで、結果として意味のある小さな変化が生まれることは決して珍しいことではない。

相互支援的包摂関係の構築[13]

　地域でのつながりが希薄化し、家庭が社会的に孤立し、生活困難に陥ることが多くの虐待ケースに共通する構造であるならば、親子分離は根本的な解決にならないばかりか、かえって状況を悪化させてしまうこともありうる。虐待という危機に直面している家族を問題視して社会から排除するのではなく、コミュニティの一員として包み込み、支え合うことが支援の本質だと思われる。

　虐待などの不適切な養育環境で育った子どもに対しては、適切な発達を促す場を保障することが重要である。そのためには、心理学的な介入とソーシャルワーク的な介入を組み合わせた統合的な視点からの心理社会的支援が必要である。子どもに対しては、実親による養育にこだわることなく、社会全体で子どもを育むことを理念として、適切な保護的対象の内在化を図るような安心・安全な場の保障が大切となる。

　こうした場を保障するためには、生活基盤が脆弱で機能不全に陥っている家庭をまるごと社会的に包摂するという視点が必要となってくる。この考え方の土台には、実親との親子関係の修復が難しくても、適切な保護者的存在のいる社会との絆を強めることが重要であるという発想がある。ここでは、不適切な養育をする保護者を包摂することはもちろん、その役割を代替する里親などの社会的養護をも包摂することが求められている。

　近年、「社会的包摂」というキーワードがさかんに使われているが、問題を抱える子どもや家族に対して、里親や支援者がサポートすることが社会的包摂だとは思わない。むしろ支援者－被支援者の関係性を超えて、人と人とが生きづらさを相互包摂し合うことのできる関係性をつくり出すことが社会的包摂だと考えられる。適切な社会的包摂能力のある社会でこそ、過剰な自立心や依存心をもつことなく、お互い必要なときに人と社会に助けを求めることができる人を育むことができると思われる。

　苦悩を共有し、少しでもよりよき新たな人生の創造・発見を目指して、相互支援的包摂関係を構築する「新たな社会的絆の創成」（共生的社会の共創）こそが大切なのではないだろうか。

第9章

スーパービジョン

❶ 事例 12 ── ホロニカル・スタディ法による事例研究

　ある支援機関に対して、ホロニカル・スタディ法を用いたグループ・スーパービジョンを行った。〈いろいろある問題の中で、今でもモヤモヤしていてもっとも腑に落ちず、あのとき他の人ならどのように振る舞うのだろうかと思うある瞬間の具体的な場面を、今日ここで取り上げるとしたら、どのようなときになるでしょうか〉と問いかけ、スーパーバイザー（ファシリテーター）が事例発表者とやりとりをしながら、映画のように映像化できるレベルまで、場面の絞り込みを徹底的に行った。その結果、事例発表者からは「不登校の中学生に家庭訪問をしたときに、子ども部屋に母親と一緒に入ったら、子どもはベッドの上で布団を被ったまま寝ていました。それで、母親が『起きなさい!!』と声を荒げて布団をめくろうとしたんですが、子どもは抵抗して布団の中に潜り込んでしまいました。このとき、私は何も言えずに黙ってしまったけど……お母さんがいきなり起こそうとしたとき、もっと別の対応の仕方はなかったものかと今でも何かモヤモヤしていて……」と語られた。

　場面の絞り込みが終わったら、ファシリテーターは参加者に〈自分だったらどう対応するかについて考える上で必要な情報を得るために、発表者に質問をしてください〉と質問を促した。ここでは発表者と参加者のやりとりの中で、対象となっているケースのイメージ、発表者の困っている内容（感情・認知・行動）、家の間取り、部屋の様子、時間帯などの現実がまるで映画の一場面のように再現され、参加者全員に共有されるように配慮したファシ

リテーションが行われた。

　ある程度のやりとりが終わったところで、〈それでは、お母さんがいきなり布団をめくろうとした瞬間、自分だったらどうするかの対応策を配付された紙（A5サイズの白紙）に5分以内に書いてください。実践では、いつも瞬間・瞬間の勝負ですから、あまり考え込まず思いついたことをさらっと書いてください〉と、参加者に紙を配りながら対応策の記入を求めた。

　5分たったところで記入した用紙を全部回収（途中でも回収）し、抽選会のようにして一人を選出し、紙に記載してある対応策を読み上げてもらった。そして、読み上げ後すぐに、〈それでは実際に、その場面を事例発表者の方に子ども役となってもらい、やってみましょう〉〈事例発表者の方、この子どもだったら今までの経験からしてどのように反応するかを意識しながら反応してみてください〉と促し、事例発表者と対応策発表者の二人による場面の即興劇的ロールプレイが実行された。ロールプレイは、長くても5分以内で行うこととし、やりとりの方向性が決まったあたりで、ファシリテーターが〈ありがとうございました〉と区切りをつけ、対応策発表者の労をねぎらった。

　複数の参加者がロールプレイを行ったあとで、参加者に具体的な感想や意見を求めた。また、事例発表者自身に事例を発表してみての感想を求めた。参加者らからは、①一つの場面に対して多様な対応策があり、それぞれの違いが興味深かったこと、②誰が対応したとしても一筋縄ではいかず、自分たちが行っている支援の難しさを共有し、お互いにねぎらうことができたこと、③子ども役を体験してみて、会話などの具体的な反応がない場合でも、支援者からの働きかけに対して、さまざまなことを考え、感じていることを実感できたことなどが語られた。

　ホロニカル・スタディ法とは、定森露子と定森恭司が独自に創り出した事例研究の方法である。この方法は、ホロニカル・アプローチの基本概念である「ホロニカル関係」（部分と全体の縁起的包摂関係）という考え方に基づき、部分と全体が自己相似的になっているフラクタル構造に注目し、具体的な場面での

瞬間的な対応について徹底的に検討する。

　ホロニカル・スタディ法を用いたスーパービジョンでは、スーパーバイジーとスーパーバイザーが共創的関係となるような「場づくりのファシリテーター的姿勢」を重視する。上下関係がある中で、スーパーバイザーが事例の見立てや支援方法について助言する従来の権威的スーパービジョンとは異なり、参加者中心の共創型の事例研究となるため、参加者全員が日頃の対応を見直すことを促進することができる。

❷ 児童福祉領域におけるスーパービジョン[2]

スーパービジョンとは

　スーパービジョンとは、対人援助職（スーパーバイジー）が指導者（スーパーバイザー）から教育を受ける過程、対人援助職における人材育成のことである。スーパーバイザーがスーパーバイジーと定期的に面接を行い、継続的な訓練を通じて専門的スキルを向上させることを目的としている。元来、スーパービジョンは、心理療法の技術向上を目指す教育方法であったが、現在は、ソーシャルワークや保育、学校教育など、さまざまな分野で対人援助職養成の一般的な教育として広く用いられている。

　スーパービジョンの形態としては、個人スーパービジョン、グループ・スーパービジョン、ピア・スーパービジョンなどがある。スーパービジョンの基本は個人スーパービジョンであるが、筆者らがホロニカル・アプローチの立場から、児童相談所や施設、民間団体などの児童福祉領域の現場でスーパービジョンを行う場合、個人スーパービジョンとグループ・スーパービジョンを組み合わせて実施することが多い。

☞ **補足説明**••
　　筆者らは、これまでの福祉心理臨床領域、学校心理臨床領域などの現場経験を生かして、公的機関、民間団体などでさまざまな支援に従事する

個人やグループを対象としたスーパービジョンを行っている。スーパービジョンで扱われるのは、虐待、いじめ・ハラスメント、不登校・引きこもり、DV、家庭内暴力、反抗挑戦的行動、愛着障害、発達障害、自殺念慮・自殺企図、反社会的問題行動、依存・嗜癖など、対応に困難を感じるケースばかりである。しかし、こうした困難事例であっても、内的世界と外的世界を共に扱う統合的アプローチであるホロニカル・アプローチの立場からスーパービジョンを行うことで、明らかに効果的な変容が生じ、スーパーバイジーの成長を促進する手応えを得ることができている。

個人スーパービジョン

個人スーパービジョンとは、スーパーバイザーとスーパーバイジーが一対一で行うスーパービジョンである。ホロニカル・アプローチによるスーパービジョンでは、本書の第Ⅰ部・理論編で説明した「内的世界と外的世界を共に扱う」「俯瞰」「共同研究的協働関係」「自己意識の発達段階の見立て」「ABCモデル」「ホロニカル・アプローチの主な技法」などの重要概念を、実際の事例を通しながら学ぶ。また、個人スーパービジョンでは、支援者自身の抱えている心的課題など、それまで支援者が関係ないと思っていた事象が、ある関係性をもったパターンとしてコンステレーション（布置）してくることがある。こうした場合などは、自らホロニカル・アプローチによる教育的自己分析を受けると効果的な場合が多い。

☞ **補足説明**

教育的自己分析は、対人援助職として生きるために、スーパーバイジーがより深い自己自身の自己理解を得ることを目的とするものであり、厳密には、スーパービジョンとは異なる。両者の違いは、スーパービジョンでは、原則、スーパーバイジーの個人的な心理傾向や個人の課題を直接的に扱わないのに対して、教育的自己分析では、対人援助職の抱えている葛藤や心理的課題を中心に扱うところにある。

183

　ホロニカル・アプローチでは、スーパービジョンと教育的自己分析のどちらも行っており、教育的自己分析の場合、夢分析（内的世界・非日常的世界・無意識を含む世界）と日記（外的世界、日常世界・意識的世界）を用いた統合的アプローチを行うことが一般的である。ある夢には、内的世界と外的世界の関係をめぐるさまざまな課題が象徴的に顕れてくるため、小物を使った外在化などを用いて、夢の中での内的対象関係や現実の外的対象関係のあり方を見つめ直す場を提供することで、スーパーバイジー自身の適切な自己意識の発達の促進を図る。こうしたプロセスこそがホロニカル・アプローチのエッセンスそのものであるため、スーパーバイジー自身の適切な自己と世界の自己組織化のためにも、またホロニカル・アプローチを学ぶ上でも、教育的自己分析を受けることが非常に有効となる。

グループ・スーパービジョン

　グループ・スーパービジョンとは、一人のスーパーバイザーと複数のスーパーバイジーでグループ形式のスーパービジョンを行うものである。グループ・スーパービジョンでは、グループの中で一人のスーパーバイジーの事例を検討するが、その検討をスーパーバイジー間で行うことによって、スーパーバイジー全員の成長を図ることができる。

　複数の参加者による複雑でダイナミックな交流がグループ・スーパービジョンの醍醐味であり、効果的に活用すれば、組織全体の支援能力向上を図る上で有効な方法である。ホロニカル・アプローチによるグループ・スーパービジョンでは、ホロニカル・スタディ法を活用することが多い。なお、ホロニカル・スタディ法によるスーパービジョンの大枠の流れについては後述する。

実践のポイント

　グループ・スーパービジョンの利点としては、さまざまな職歴・職種の支援者が一緒に働く子ども虐待対応の現場で、支援者同士が共通認識をもつことに役立つことがあげられる。例えば、児童相談所においては、「子

どもの安全・安心に焦点を当て続けること」、家庭訪問支援の現場では、「また会いたくなる関係をつくること」などの基本姿勢を共有することは重要である。

その一方で、対人援助の方法には、唯一の正解があるわけではなく、支援者の個性に応じて、さまざまな支援のあり方があってもよい。そのため、グループ・スーパービジョンを通して、さまざまな価値観や意見に触れることでスーパーバイジーの視野を広げたり、支援方法の引き出しを増やしたりすることにつながることにも大きな意義がある。

統合的立場からのスーパービジョンの必要性

日本におけるスーパービジョンの問題として、多様な理論モデル間で相互交流が少ないことなどがあげられる。特定の学派などを標榜している指導者は、他の理論モデルに関心が低いばかりでなく、対立・排除の姿勢をもつ場合もある。そのため、指導者のもつ特定の学派に対して、あらかじめ興味・関心を抱いていなかった場合、特定の理論・技法を専門としていないスーパーバイジーは、その指導者のスーパービジョンを受けることに躊躇するだろう。また、仮に、スーパーバイジーがその指導者のスーパービジョンを受けることになったとしても、特定の理論だけにコミットすることで、多様な理論モデルに触れる機会を失うことになる。

複雑な要因が背景にある子ども虐待への支援においては、単一の理論や技法だけでは通用しないため、統合的アプローチの視点が必要不可欠であり、スーパービジョンについても統合的立場から行われる必要がある。ただし、これは、スーパーバイザーは、すべての学派に精通していなければならないという意味ではない。「“こころ”とは何か」「対人援助とは何か」という本質を追求しながら、多様な心理社会的支援の方法について、開かれた姿勢であることこそが重要である。

スーパーバイジーが現場実践に即して多様な心理社会的支援のあり方を混乱なく統合的に理解していくためには、異なる理論や技法を統合する原論となるパラダイムが必要である。したがって、“こころ”とは何かという根源的な問

いを深めていく中で生まれたホロニカル・アプローチによるスーパービジョンの意義は非常に大きいと思われる。

実践のポイント

　心理職のスーパーバイザーであれば、精神分析、認知行動療法、来談者中心療法、家族療法、集団心理療法、コミュニティ・アプローチなど、多様な心理療法について、ある程度の議論ができるほどに通じている必要がある。さらには、場所と自己の関係に注目するホロニカル・アプローチの立場では、場所が変われば支援のあり方も変わってくると考える。加速度的に変化する時代の中で、過去に有効だった方法が現在もそのまま通用するとは限らないため、常に新しい心理社会的支援のあり方を模索していく必要がある。そのため、スーパーバイザーは、最新の研究と世界の動向に明るく、よりよい心理社会的支援の構築に向けて、スーパーバイジーと相互交流しながら共に歩む、共同研究的協働関係を重視した開かれた態度であることが望ましい。

③ ホロニカル・スタディ法のプロセス[3,4]

オリエンテーション

　グループ・スーパービジョンとしてホロニカル・スタディ法による事例研究を行う場合、まずはスーパーバイザーと当日の司会進行の担当者が事前に打ち合わせをして進行方法を共有する必要がある。この際に、ホロニカル・スタディ法においては、スーパーバイザーは「指導者」ではなく事例研究の「ファシリテーター」の役割を担うこと、事前資料作成の必要はないこと、事例発表者には、「あのとき他の支援者ならば、どのように振る舞うのかを考えてもらう事例研究」と伝えてもらうことなどを担当者に説明することが大切である。

Episode

　ホロニカル・スタディ法を始める際、スーパーバイザーはまず最初に、「瞬間・瞬間のある思考、ある姿勢、ある気分、ある出来事、ある言動、ある仕草などの一部分にすべてが含まれており、ある一部分の小さな意味のある変化は、他の部分の変化へと影響していく」というホロニカル・アプローチの基本的な観点について紹介した。さらに、グループによる事例研究の趣旨について簡単なオリエンテーションを行い、①対応策に唯一の正解があるわけではないこと、②ロールプレイの実践と他者の対応策の観察を通して、それぞれの人が感じたことや気づいたことを大切にしてほしいこと、③タイムスケジュールなどを参加者に伝えた。

具体的な場面の絞り込み

　ホロニカル・スタディ法のベースには、インシデント・プロセス法がある。インシデント・プロセス法とは、問題と背景が事前に提示されず、質問することで必要な情報を得て自分の対応策を作成するものであるが、ホロニカル・スタディ法では、これをアレンジし、①具体的な場面（瞬間）を取り上げることと、②実際の場面を再現してみることを導入している。

　実際のホロニカル・スタディ法では、まずは事例発表者にケース概要を簡単に説明してもらったら、具体的な場面の絞り込みを行う。ここではスーパーバイザーが事例発表者とやりとりをしながら、今回のスーパービジョンで検討したい場面について、まるで映画を作るかのように、具体的な行動レベルで記述できるよう質問を繰り返していく。

　場面の絞り込みが終わったら、ケースの情報収集を行う。具体的には、参加者に〈あとで、自分だったらどうするかという視点からの対応策を紙に書いてもらうので、その対応策を考えるために必要となる情報を事例発表者にいろいろと質問してください〉と指示する。また、事例発表者には、聞かれたことに対して憶測は極力避け、できるだけ事実レベルで知っていることだけを答えればよいこと、答えに窮するような質問には答えなくてもよいということを伝える。この際に、スーパーバイザーは、参加者と事例発表者の質問のやりとりを

通して、ケースのイメージや発表者が困っていることを参加者全員が共有できるようにファシリテーションを行う。

　ホロニカル・スタディ法で扱う事例の選定では、その支援機関でもっとも対応に困難を感じているケースを積極的に取り上げるとよい。ホロニカル・アプローチの部分と全体の縁起的包摂関係の観点からいえば、支援機関でもっとも困難を感じているケースのある瞬間には、その支援機関の場が抱えている一切合切の矛盾が包摂されている。そのため、参加者一人ひとりの小さな意味のある気づきが、やがて支援機関の場で新しい支援のあり方が共創されていくことにつながるよき機会になるからである。

対応策の記載とロールプレイ

　場面が共有できたら、〈それでは、自分だったらそのときどうするのかの意見を、配付された紙に5分以内に書いてください。実践ではいつも瞬間・瞬間の勝負ですから、あまり考え込まず思いついたことをさらっと書いてください〉〈抽象的な表現は避けて、具体的なセリフ、仕草などを行動レベルで記載してください〉〈最後に、今日の日付と氏名を記載してください〉と参加者全員に紙を配りながら対応策の記入を求める。

　対応策の記入が終わったら、参加者の中から一人を選び、まずは紙に書いたことを発表してもらう。紙に書かれていないことを話し始めた人に対しては、〈すみませんが、まずは書いた通りに読み上げてください〉と促す。また、「気持ちに寄り添いながら対応する」といった抽象的・一般化された意見が出てきた際には、〈もしこの場面で、子どもの気持ちに寄り添って接するときは、例えば、○○さんだったら実際にはどのようにされますか？〉と行動レベルで明確化・具体化していく。

　こうした対応策の発表が終わったら、事例発表者に子ども役となってもらい、対応策に従ってロールプレイをすることで場面を再現する。この際に、事例発表者には、その子どもだったらどのように反応するのかを今までの体験や経験

から想像して対応するように指示する。また、対応策発表者には、子ども役の反応を見て、続きを即興的に演じるように指示する。その後、対応策発表者を順次交代していく。

ロールプレイ後、対応策発表者と事例発表者に感想を求め、スーパーバイザーが最後に簡単なコメントをして、ホロニカル・スタディ法による事例研究を終了する。

なお、ホロニカル・スタディ法の詳細な手順については、資料編の資料3を参照されたい。

実践のポイント

ホロニカル・アプローチでは、瞬間・瞬間の対応を重視する。実際に、ホロニカル・スタディ法で困難な局面のロールプレイを行うと、勝負は最初の一瞬で決まると言っても過言ではない。ある瞬間の反応によって、その後のやりとりの流れが決まってしまうのだ。そのため、ホロニカル・スタディ法において、対応策を実践するロールプレイは5分もあれば十分である。対応策のロールプレイの時間を短くすることで、たくさんの参加者がロールプレイを経験することが可能となる。

こうした瞬間・瞬間を大切にしたロールプレイを繰り返すと、たとえさまざまな参加者が異なる対応策をとったとしても、自己相似的な悪循環するフラクタル構造が浮かびあがってくることが多い。また、発表者が事例の被支援者の役を演じることで被支援者を擬似的に体験できるとともに、参加者が発表者の役を演じることで発表者を擬似的に体験することができる。こうした擬似的体験を通じて、発表者と共に参加者全員が新たな気づきを得ることができる。

ホロニカル・アプローチによるスーパービジョン [5]

ある局面のある瞬間の焦点化

　児童相談所や施設などの子ども虐待対応の最前線でスーパービジョンを行う場合、内的世界から外的世界に至るさまざまな要因が複雑に絡み合った困難事例ばかりが取り上げられる。さらには、大抵の場合、支援に携わる専門職の体制や多機関多職種連携にもさまざまな課題が存在する。しかし、ホロニカル・アプローチの立場では、こうした課題のすべてを解決しなければならないとは考えない。

　ホロニカル・アプローチの中核にあるのは、「部分と全体の縁起的包摂関係」という観点であり、心的問題について、「ある心的問題を部分とすると、そこには被支援者の内的・外的世界をめぐるすべての問題が織り込まれている」と考える。ある心的問題を、全体の要素還元的な単なる部分の問題として扱うのではなく、ある部分の変容は、全体の変容に関係し、全体の変容は、ある部分の変容に深く関係すると捉える。

　すなわち、すべての現象は縁起的に絡み合っているものであり、小さな意味のある変化さえ生み出すことができれば、ある部分の変化は、全体へと影響し、新しい展開が生まれると考える。そのため、ホロニカル・アプローチによるスーパービジョンでは、被支援者－支援者のさまざまな感情が渦巻くある局面のある瞬間に焦点化し、そこでの具体的なやりとりを丁寧に扱う。その瞬間に、事例に対する支援のあり方のすべてが織り込まれており、その瞬間の対応が変化すれば、これまでみられなかった新たな展開が生まれると考えられるからである。

☞ **補足説明** ••

　　施設でスーパービジョンを行う場合、ある局面のある瞬間を詳細に検討することで、その施設で支援者が普段どのように子どもと接しているのか想像がつく。なぜなら、ある瞬間の対応における悪循環パターンのフラクタル構造にこそ、その施設が抱える課題が凝縮されているからである。

••

実践のポイント

　ホロニカル・アプローチでは、被支援者−支援者関係、被支援者の対人関係などの各次元において同じようなパターンを繰り返しているフラクタル構造に着目する。フラクタル構造とは、部分と全体が自己相似的になっていること、つまり、ミクロレベルでの構造パターンがマクロレベルでも繰り返し出てくる構造のことである。スーパーバイジーが支援に行き詰まってしまうパターンも、部分と全体が悪循環パターンを包摂しているというある種のフラクタル構造をなしており、自己及び世界との関わりのさまざまな次元で、自己相似的な固着パターンを繰り返していることが少なくない。

　ホロニカル・アプローチによるスーパービジョンでは、こうしたフラクタル構造となっている悪循環パターンの発見をサポートし、悪循環パターンの変容促進の方法を共創的に発見していく作業を丁寧に行う。スーパービジョンを通して、スーパーバイジーに小さな意味のある変化が生まれれば、やがてそれは大きな変容へとつながっていく可能性がある。このようにホロニカル・アプローチによるスーパービジョンでは、ある部分と全体とのホロニカルな関係を見通した上で、積極的に悪循環パターンを取り扱う。

不一致・一致の"ゆらぎ"の重視

　ホロニカル・アプローチでは、自己と世界の関係は、不一致となった瞬間に、主客が多層多次元にわたって対立し自己に生きづらさをもたらし、一致となった瞬間に、主客合一の関係となり、生きやすさの感覚をもたらすと考える。ホロニカル・アプローチでは、自己と世界の不一致・一致の"ゆらぎ"を重視し、一致ばかりを求めるのではなく、むしろ不一致の状態に積極的な意味を見出す。そのため、スーパービジョンにおいても、自己と世界が不一致となり対立するからこそ、新たな自己と世界の関係が創造されてくる契機と捉え、スーパーバイジーが抱いている違和感や不全感といった不一致を丁寧に扱っていく。

実践のポイント

　ホロニカル・アプローチによるグループ・スーパービジョンで重要なのは、「不一致を楽しむこと」である。対応の統一を求めるよりも、むしろ不一致を楽しみ、同じ場面に対してだけでも、これだけ多様な関わり方があるのかと実感・自覚するだけでも、参加者のその後のよき実践の探求の契機となることができる。

　ホロニカル・スタディ法では、対応策について唯一の正解を想定して一致を求めるのではなく、参加者同士の対応策の違いを観察し、そうした不一致から、新しいアプローチを創造していく姿勢が大切となっているのである。こうしたプロセスを通して、「不一致の一致」ともいえる感覚を経験できるようにファシリテーションを行う。具体的には、誰が対応したとしても困難なケースであるという意味では一致していること、たとえ異なるアプローチであってもこうしたスーパービジョンや事例研究の場の雰囲気ならば、いずれもっとよいアプローチが発見・創造できそうだという実感・自覚を促していく。このようにホロニカル・アプローチによるスーパービジョンは、一瞬の出来事に、複雑な絡み合いのすべてが包摂されており、すべてが相矛盾しながらも同一にあろうとしているというホロニカルな世界観に基づいていることが大きな特徴だといえる。

Episode

　ホロニカル・スタディ法のようなグループによる事例研究を行ったときに、ある困難な局面に対してさまざまな参加者が異なるアプローチを行ったとしても、同じように悪循環パターンに陥ってしまうほどの重篤な事例に遭遇することが稀にある。しかし、こうしたときは、アプローチが不一致にもかかわらず参加者全員が共通して陥るフラクタル構造が明らかになるだけでも意味がある。「とにかく今の対応法だけでは悪循環を超えられない」との共通認識が生まれるだけでも、悪循環パターンに陥っている現行の対応法を断念し、新しい対応法を探求しようとする支援者の意識の変容そのものが、事例の変容を促進する契機となるからである。

自由無礙に俯瞰できる場の構築

　ホロニカル・アプローチの重要な概念としては、自由無礙の俯瞰がある。ここでいう「俯瞰」とは、ある出来事を観察対象とし、無限のミクロの点の立場から観察するとともに、無限のマクロの球の立場から観察し続けることを意味する。ホロニカル・アプローチによるスーパービジョンにおいても自由無礙の俯瞰を重視しており、自己と世界の不一致・一致を行ったり・来たりすることを、スーパーバイジーが安全かつ安心して俯瞰できる場を構築することを試みる。

　こうしたスーパービジョンを通して、自己と世界の不一致・一致を自由無礙にスーパーバイジーとスーパーバイザーが共に俯瞰する場をもつことによって、観察主体と観察対象の組み合わせによって生じる多層多次元にわたる現象世界が縁起的包摂関係（ホロニカル関係）にあることを、スーパーバイジーが実感・自覚することを促進することができる。こうした俯瞰の確立が、従来の支援方法による悪循環パターンを脱却し、自分自身の支援者としてのあり方を見直すことを促進し、よりよい支援を創造することを可能とする。

☞ **補足説明**••

　　ホロニカル・アプローチによるスーパービジョンでは、小物などによる外在化、場面再現法、対話法、ただ観察、超俯瞰法、三点法などを積極的に活用して、スーパーバイジーの対応法について検討したり、異なるアプローチのシミュレーションを行ったりする。具体的には、複数の人形を支援者と被支援者に見立てて、人形同士を使って対話させる。このように、スーパーバイジーの視点から小物を使ったやりとりを観察するという構図そのものが、俯瞰的なポジションから支援のあり方を見つめ直す機会となる。

••

> ### 実践のポイント
>
> 　通常、人は観察主体か観察対象のいずれかしか意識化しない。そのため、観察主体と観察対象の関係が、何らかの悪循環パターンに陥っていても、なかなか自力では負のスパイラルから抜け出せなくなる。これは被支援者のみならず支援者においても同じである。こうした場合は、観察主体と観察対象の不一致・一致の関係を新たな適切な観察ポイントから自由に柔軟に観察する場をもつことが重要であり、そのような場としてのホロニカル・アプローチによるスーパービジョンの意義は非常に大きい。

場所的自己という観点からのケース理解

　ホロニカル・アプローチでは、自己とは場所的な存在であると考える。そのため、心的症状や障害について、当事者の自己自身の問題と捉えるのではなく、自己と世界の出あいの場において多層多次元な矛盾を抱え込むことによって起きる現象と捉える。

　場所的自己という観点からケースを理解するのであれば、被支援者が抱える苦悩とは、家族が抱える問題、社会が抱える問題、時代の問題、歴史的な問題、神経生物学的な問題、あるいは物質の抱える問題など、自己と世界の出あいの場のもつ一切合切の問題を自己自身に映し、かつ自ら抱え込むことから生じるものだと捉えることができる。

　このような場所的自己の立場からいえば、抑うつ／躁、適切な思考／不適切な思考、行動の正常／異常、適応／逸脱、定型／非定型などを一定の尺度や基準で客観的に評価するのみでは、ケースを適切に理解できない。実際に、「発達障害」や「精神疾患」とカテゴライズされた人が「場」によって異なる顔を見せることは珍しいことではない。自己と他者は「場」を共有している限り、お互いがまったく独立自存していることはなく、必ず「場」において、自己と他者が相互に影響し合い、その相互作用によって新たな「場」を刻々と創っているといえる。

　そのため、ホロニカル・アプローチの立場からスーパービジョンやコンサルテーションを行う場合、安易に「発達障害」や「精神疾患」という言葉を使用

せずに、その人をその人として理解するように努める。

> **実践のポイント**
>
> ホロニカル・アプローチの立場から心理社会的支援を行う場合、「自閉スペクトラム症」などの診断名によって被支援者をカテゴライズすることはなるべく避ける。その代わりに、「思考の硬さがある」「刺激に弱く、不安になりやすいところがある」「ある出来事に執着的になる」「視野狭窄的になる」「○○過敏になる」「○○に強迫的になってしまう」など、被支援者の具体的な特徴から見立てを伝えることを大切にする。

共同研究的協働関係の構築

　ホロニカル・アプローチでは、被支援－支援の関係が共同研究的協働関係に変容していくような枠組みを重視している。こうした枠組みを構築することによって、不平等をはらみがちだった対話から共創的対話への転換を図る。

　ホロニカル・アプローチにおける被支援－支援の関係は、そのままスーパービジョンにおけるスーパーバイジーとスーパーバイザーの関係に当てはめることができる。つまり、一方的に指導を受けるという関係ではなく、よりよい支援方法を模索し、ひいては多くの人にとってより生きやすい社会を実現することに向けた共同研究的協働関係の構築を図る。このような姿勢は、「指導する側」と「指導される側」という上下関係を前提とした権威主義的なスーパービジョンとはまったく異なる。こうした関係性の違いによって、創造的な対話が生まれると考えられる。

　ホロニカル・スタディ法に代表されるようなホロニカル・アプローチによるスーパービジョンは、従来の事例検討型のスーパービジョンとは異なり、事前に膨大な資料の作成に追われることがなく、当日に大勢の人の前で批判にさらされることもない。苛酷な現場で疲弊しながら一生懸命に働いている支援者にとって事前準備の負担が少ないという点は重要であり、ストレスの多い仕事だからこそ、あたたかい雰囲気の中で、仲間たちと安全・安心に事例研究ができる場所が必要だと思われる。

　また、子ども虐待への支援で重要なテーマとなる共同研究的協働関係の構築について、スーパーバイジーとしてスーパービジョンの体験を通して学ぶことができる意義は大きい。ホロニカル・スタディ法は、こうした現場のニーズに応えることができる方法であり、非常に実践的なスーパービジョンの方法であるといえるだろう。その一方で、具体的な場面での瞬間的な対応を重視して検討する方法ゆえに、発表された事例に直接関与していない支援者や現場での実践経験のない立場の者（学生や研究者）は事例を扱いにくいこと、ある局面でどのように振る舞うのかを検討するための方法であり、診断やアセスメントを目的とする事例検討には馴染まないことなどが限界としてあげられる。また、ロールプレイに抵抗のある人への配慮も必要だと思われる。

実践のポイント

　価値の多様化・多元化時代の心理社会的支援においては、支援の場が知らず知らずのうちに被支援者と支援者の価値観の確執の場になってしまう危険性が高くなってきている。こうした確執をできるだけ回避するためには、支援者自身が日頃から、自らがいかなる価値観（ホロニカル主体：理）を抱き、被支援者が内在化している異なる価値観にどのように反応する傾向をもっているかを実感・自覚していることが重要になる。

　また、支援者自身（場所的自己）が内的な影のテーマを抱えたままになっている場合は、その影のテーマが支援の場で増幅・拡充されることを避けることができない。そこで支援者は、日頃の自己研鑽において、自らが抱えている内的な影の問題としっかりと向き合う姿勢を維持できる力をもつことが求められる。こうした自己努力がないと、支援の場で支援者自身の抱えている影のテーマが顕在化し、支援がうまくいかなくなるばかりか、支援者自身が燃え尽きてしまうことにもなりかねない。

　支援とは支援者にとっても真摯に自己自身と向き合う行為である、という覚悟が必要になる。自己研鑽のためには、ベテランの対人援助職にある人のスーパービジョン、または同僚や仲間同士で行うピア・スーパービジョンの機会を継続的にもつことが大切である。

競争から共創へ

　「誰もが幸せになることのできる社会の構築」という「大きな物語」を共有し、その目標に向かって、お互いが切磋琢磨し合い競争し合って邁進するというのが昭和時代までの潮流だったといえる。しかし、社会情勢の急激な変化に伴う地域共同体の弱体化などを背景に、「大きな物語」の影の問題が顕在化してきた。もっともインパクトのある出来事が2020年に始まったコロナ危機だといえる。

　「大きな物語」の行き詰まりは、その反動のようにして価値の多様化・多元化を顕在化させた。しかし価値の多様化・多元化は、共存の難しさとの直面化でもある。SNSによる情報共有のネットワーク化は加速度的に進行した。その一方で、人と人の関係強化は、意識の表層レベルにとどまり、深層レベルでは、むしろ自己と他者、自己と社会の間に差異性という透明の壁が毅然と立ち塞がり、お互いが共感不全を引き起こしやすくなり、とても傷つきやすい関係に変化してきたともいえる。

　そこで喫緊のテーマとなって浮上してきたのが、「競争から共創への転換」である。共創のためには、「開かれた対話」がポイントとなる。共創的対話の場では、あらかじめ場の不一致を統一する圧倒的な統一的価値は想定されない。共創的対話においては、まずは、一人ひとりが場の価値の多様化・多元化を自己自身に映しとり、不一致に伴う生きづらさを自らの内的テーマとして引き受け、自らの内的世界の不一致、及び内的世界と外的世界の不一致が、ほんの少しでも一致する方向を自ら発見・創造しようとする姿勢が大切になる。このとき、もし新しい智慧を模索する者同士が、お互いの智慧を映し合い、さらにその智慧をお互いの自己の内に取り込むことを始めたならば、そうした場にこそ共創的対話が成立したといえるだろう。

　ある個人・家族・集団に対する適切な心理社会的支援とは、共創的対話による小さな新しい物語づくりといえる。しかし、こうしたミクロな場での小さな共創的対話による智慧の累積が、やがてマクロな場での新しい文化の共時的創発を引き起こすだろうと期待することができる。

ホロニカル・アプローチの可能性

一人の子どもの問題はみんなの問題

　ある子どもの問題には、ある子どもを取り囲む、過去及び今・現在が抱えている問題や未来に関する問題などの一切合切が映されており、かつ、一切合切の矛盾を本人自身が無自覚のうちに取り込んでしまっているのではないだろうか。もしそうだとするならば、一人の子どもの問題は、その子どもを含むみんなの問題であり、みんなの問題は、一人の子どもの問題だといえる。このように理解するとき、たった一人の子どもの健全な成長を促進するためのあらゆる行為は、みんなのためになり、みんなのためになる行為は、一人の子どものためになると考えられる。

実践からの閃き

　上述したような感覚は、実践とは関わりなく作り出された知的な理念や理想ではない。子ども虐待をはじめとする、さまざまな問題が複雑に錯綜し、重篤な辛苦を抱える子どもたちへの心理社会的支援の実践の中で自ずと創発されてきたものだ。創発されてくる感覚とは、おびただしい生々しい事例に向き合っていく中で、自ずと支援者自身の自己のうちに紡ぎ出され磨かれる、非言語的結晶化からくる言霊のようなものだといえる。実践では、そうした鬼気迫る緊張感あふれるカオスの場から、突如として想像力に満ちたメッセージが湧出してくるものなのだ。

　この実践からの閃光は、やがて、「ある子どものある問題行動という出来事の中には、その子どもばかりでなく、多層多次元にわたる問題や矛盾が織り込まれている」「錯綜する問題に対応するには、既存の理論や技法の限界を超え

て、もっと内的世界と外的世界を共に扱う統合的アプローチの確立が必要である」という問題意識に発展し、新しい秩序を構造化する可能性をはらんだ心理社会的支援の論理を誕生させた。しかし、実践の場から創発されたとはいえ、当初は独我論的な思いつきの範囲を超えるものではなかった。そこで、実践から得た感覚の意味を深めていく作業が始まった。

異なる学問分野との相似性

　その意味づけの作業の中で、こうした論理が、現代物理学の量子論、複雑性の科学、大乗仏教の「空」や華厳思想の理事無礙・事事無礙、哲学的には「絶対無」の思想に極めて相似性をもつことを実感・自覚するようになった。

　物理学などの異なるカテゴリーを観察対象とする学問分野と心理学の相似性を語ることは困難である。しかし、あらゆる現象が立ち顕れてくる究極の場を「絶対無」「空」であると想定し、すべてを生成消滅という現象（出来事）の立場から見直したとき、物理現象から精神現象にわたって展開する多層多次元な出来事の世界を"こころ"の現象として統合的に認識することが、実感・自覚的に可能になっていくと考えるに至った。こうした実感・自覚に至る自己の発達論を有していることこそがホロニカル・アプローチの最大の特徴であり、異なる理論の統合化を目指すパラダイムとしての可能性を秘めているのではないかと考えた。

　その結果、学問分野の違いがあったとしても、何かを観察対象として観察しようとした途端、その観点そのものが多層多次元にわたる現象をつくり出すということさえ押さえていれば、異なる理論の統合化を志向することが可能になるのではないかという新たなパラダイムを提案することにつながっていった。*

---

　*　筆者らは、あらゆる理論を統一する究極の理論をつくろうとしているのではない。むしろ、そのようなことはできないという立場である。ただし、これまでの学問は観察対象を限定することで専門的智慧を蓄積してきたが、その逆の問題として、学問のはじまりの頃の統合性を失ったともいえる。したがって、新たな統合化（統一するのではなく）を志向するためには、それを可能とする認識論的パラダイムが必要であると考えており、ホロニカル・アプローチはそうしたパラダイムの一つにならないかという新たな提案である。

新しいパラダイムの創発

　こうした論理化の考究は、より一般化され、「ホロニカル」という概念に凝縮されることになった。「一瞬・一瞬の出来事の中には、過去を含み未来が開かれてくる多層多次元にわたる重々無尽の世界の一切合切が畳み込まれている」「極小のミクロの無限の点から、極大のマクロの球にわたる出来事の一切合切は、部分が全体を包摂し、また全体も部分を包摂するという縁起的包摂関係、すなわちホロニカル関係にある」「"こころ"の働きは、すべてホロニカル関係にある」という新しいパラダイムである。このパラダイムは、明らかにこれまでの個人意識や内界中心の西洋型の「有」の心理学と異なり、大乗仏教の「空」や華厳思想の事事無礙などの「無」の思想が相矛盾しながら同時に成立するような新しい心理学への転換をもたらした。

　このパラダイム・シフトは、百家争鳴状態にある"こころ"の理論と技法の現況に対して、新しい心理社会的支援に関する統合的なアプローチを自ずと生み出した。古今東西を問わず"こころ"の理論や技法は、「自己と世界の不一致の累積による生きづらさを、被支援者が支援者と共に安全にかつ安心して自由無礙に俯瞰することさえできれば、生きづらさを契機に自ずと新しいより生きやすい道を発見・創造できる」という観点から統合的に理解可能であるという、新しい心理社会的支援の統合的なアプローチの実践論が生成されたのである。

　定森が児童相談所時代に経験した閃光的な原体験から40年余り、この原体験の感覚について個人的研究日誌に「ホロニカル」（1990年）と記載してからでも、はや30年以上の月日が経過した。しかし、この間の実践と研究を経て、「ABC理論」「自己意識の発達論」や「ホロニカル・アプローチの技法」などが、やっと全体的関連性をもった基礎的体系として整ってきた。新しいパラダイムが創発されてから十分な現場実践が行われて、確かな手応えを感じる中で、満を持して世に出されたのが本書である。

新しい文化の共創

　ホロニカル・アプローチの実践の中で創発された「共同研究的協働関係」

「場づくり」「適切な観察主体」などのコンセプトは、より生きやすい道への智慧を共創する機会を高めることが期待できるだろう。そして地道な共創的歩みは、やがて、新しい心理社会的支援のパラダイム・シフトをさらに促進していくと考えられる。

　共創の場では、大きな変容を願い合うよりも、むしろ小さな希望の光の意味を、それぞれの人が雄弁な語り部になって語り合うことによって、各々が小さな新しい智慧を蓄積し合っているといえる。しかし、各々の小さな智慧を蓄積し合った人同士の共創が、やがて大きな智慧を共有する新しい文化をもった場を創造していくというのが共創の場の特徴である。

　子ども虐待とは、さまざまな困難をもった家族が社会的に孤立することによって生じるものである。そのため、虐待という危機的な状況に陥っている子どもや家族を排除するのではなく、包摂することができる社会をいかにつくっていくのかが、私たちに課せられた喫緊の課題だといえる。一人の人を排除する文化をもった場は、同じ論理や規範でもって自己再帰的に、次の人の排除を半ば強迫的に反復する。そのため既存の文化の論理や規範に馴染めなさを抱く者にとっては、その場所に生きること自体がとても生きづらくなり、常に絶望、不安、怯え、あるいは無気力を抱くことになる。文化は、ある一定のまとまりを維持しようとし、相容れないものに対しては排除的になるという影の問題を必ずもっている。こうした文化の影の現実を直視するとき、誰も排除しない場を創造しようとしても、理念・理想を意識の表層で夢想するだけでは、実際の対話において、意識の深奥部における違和感の増幅・拡大化が生じ、場合によっては対立が一層激化することになりかねないことを決して忘れてはならないだろう。

　しかしながら、こうした危険性を熟知し、各々が独我論に陥って対立を激化させるのではなく、信念や価値観の異なる者同士の異文化的な出あいとして、個と集団の関係におけるホロニカル的関係を直観的に了解することができれば、新たな展開が生まれてくる。すなわち、個（信念・価値観を含む）と集団（文化を含む）を二元論的に分断し切り離すことなく、個の中には集団の問題が包摂され集団には個の問題が包摂されているというホロニカル論的パラダイムを共

有し合うことができれば、むしろお互いが心地よく共生することを可能とする
場を創造することができると考えられる。こうした新しいパラダイムが、心理
社会的支援の場に通底するようになるならば、新しい文化を共創することすら
可能になろう。共創の場においては、ほとんどの人は、問題を個に帰する風潮
を毅然と拒絶し、各々が場所においてもつ矛盾を映す自己自身と向き合いなが
ら、自己及び世界が少しでもより生きやすくなるように新しい生き方を発見・
創造することができるのだ。

“こころ”に習い、“こころ”から学ぶ

　筆者らの智慧には、さまざまな現場で心理社会的支援を行う私たち以外の支
援者の多くの智慧が、知らず知らずのうちに筆者ら自身の自己に映され取り込
まれている。しかし本書が、そうした多くの人のよき智慧の適切な語り部になれ
ているかどうかは世に問うしかない。また、ホロニカル論は、まだまだ深化
の自展中であり、これからも、“こころ”に習い、“こころ”から学び、多くの
人たちと対話を続けていく必要があると考えている。

　子ども虐待には多層多次元にわたる一切合切の問題が畳み込まれているだけ
に、子ども虐待へのよい支援の中に包含されている、子どもを思いやることの
できる智慧は、「新たな社会的絆の創成」や「共生的社会の共創」の実現のた
めの創造的契機になりうる。また、ホロニカル・アプローチの「共同研究的協
働関係」「場づくり」「適切な観察主体」などの重要コンセプトは、これまでの
非専門家と専門家という支援者と被支援者関係自体の変容を迫り、新たな心理
社会的支援のパラダイムとなる可能性を含み、かつ多領域にわたる支援者のコ
ラボレーションをより促進することができると思われる。本書が、より適切な
心理社会的支援を可能とする一助になれば幸甚である。

資料編

資料1

"こころ" を理解するための主要概念 [1]

現実主体（我）

　ホロニカル・アプローチでは、自己と世界の出あいの不一致・一致の繰り返しの中で生起する意識作用の主体を現実主体（我）と呼ぶ。これは「私」の意識のことである。臨床心理学や精神医学では、自我と呼ばれているものであるが、ホロニカル・アプローチでは、自我という概念は、西洋の近代的自我のことをさし、日本人のいう「私」とは異なると考える。ホロニカル・アプローチは、現実主体（我）が観察主体となって自己や世界を観察するときの志向性によって、「内我（うちが）」と「外我（そとが）」の二つを区別する。

内我と外我

　内我とは、自己と世界の出あいの一致のときに立ち顕れてくる個別的な意識のことである。自己と世界の不一致・一致の直接体験をそのまま直覚しようとする。足の裏が何かに触れている感覚に意識を焦点化し、足の裏を直覚的に感じ取ろうとするときには、内我が働いている。その一方で、外我とは、自己と世界の出あいの不一致のときに立ち顕れてくる一般化された意識のことである。外我は、自己や世界を観察対象として、さまざまなものに識別、区別しようとする。足を「足」として識別し、客観的観察対象としているときには、外我が働いている。内我と外我の違いは、表2の通りである。

　内我と外我のどちらが立ち顕れるかは、観察主体と観察対象の関係性をめぐって、その瞬間に自己と世界の出あいをどのように意識しようとするかといった志向性の違いによって決定される。自己と世界の出あいは、内我の出現

表2　内我と外我の違い

内我	外我
• 観ずる我（内面）	• 観察する我（外面）
• 自己と世界の不一致・一致の直接体験をそのまま直覚しようとする	• 自己や世界を観察対象として、さまざまなものに識別・区別しようとする
• 感性的・直観的に直覚	• 知的・理性的自己と関係
• 前概念的	• 概念的
• 夢や表象的活動の担い手	• 認知、思考、論理の担い手
• 無意識的身体的活動と結びつく	• 意識的活動と結びつく
• 空間的	• 時間的
• 行為的直観	• 意図的・計画的
• 自己と世界が一致しやすくなる	• 自己と世界が不一致になりやすくなる
• 直接体験そのものを直観的に直覚し、多様な直接体験の断片を統合的に把握しようとする	• 直接体験をホロニカル主体（理）によって観察対象（自己及び世界）として識別・認識しようとする

時に一致になりやすく、外我の出現時に不一致になるということを繰り返している。内我と外我の関係は、さまざまな体験を経ていくうちに、発達段階や個人特有の心的構造を形成していく。

　ホロニカル・アプローチでは、内我と外我、内的世界と外的世界、自己と世界との対話による一致と統合化の希求が大切とされる。

ホロニカル主体（理）

　ホロニカル主体とは、「理」のことである。「自然の理」や「現象の背後にあって現象を現象たらしめている法則」を意味する。ただし、ホロニカル主体（理）の概念は、理性的な「理」の面だけではなく、「情」の面もある。「理」の側面は、宇宙の原理、物理の法則、生物の法則、社会規範、生活規範、戒律、文化、美徳、思想、信条、信念、倫理などである。「情」の側面は、無価値的態度、緊張・弛緩的態度、厳格な態度、批判的態度、冷静客観的な態度、慈悲深い態度などさまざまな情緒的な色合いをもつ。

　「理」と「情」によってホロニカル主体（理）は形成されるが、ホロニカル

主体の理の識別基準や理の秩序体系そのものが、自己の発達や歴史・文化の変遷の影響を強く受けるため、自己の発達段階や自己の所属する自然環境、歴史的環境や社会文化の差異によって、多様なホロニカル主体（理）が形成される。しかしながら、ホロニカル主体（理）から環境・歴史・文化の影響を脱統合していくことができれば、ホロニカル・アプローチが「IT（それ）」と概念化する究極の絶対的総覧的統合的な理になる。

自己（場所的自己）

　ホロニカル・アプローチの自己は、物心一如的存在、心身一如的存在である。人間の自己は、身体的自己としては有限であるが、無意識的自己は無限であるため、ミクロの世界から自己超越的マクロの世界までを自己意識の中に取り込んでいくことができる。自己は、自己と世界の交錯する出あいの場において、生と死のせめぎ合いを繰り返しながら存在する。

　自己とは場所的な存在であり、「場」の視点のない自己の概念では、子ども虐待のように、ある場所の混乱を一切合切、歴史的に背負って苦悩する当事者の生々しさを適切に理解することはできない。自己は世界があってはじめて存在できるものであり、ホロニカル・アプローチでは、自己を「場所的自己」と捉える。創造世界から誕生した創造的自己は、世界を取り込みながら自己を自己組織化し、世界に対して歴史的社会的存在として働きかける。ホロニカル・アプローチでは、自己は、現実主体（我）、ホロニカル主体（理）の基盤となって、世界との出あいによる不一致・一致の直接体験を通じて、世界と一致する方向に自己自身を自発自展的に自己組織化しようとすると考える。

　心的症状や心的問題を有するときの自己は、適切な自己の自発自展的な自己組織化プロセスが阻害された状態となっていると考えられる。頑固な心的症状や心的問題を有するときほど、自己の心的構造は、多層多次元にわたって流動性を失っているといえる。ホロニカル・アプローチでは、現実主体（我）の主体性は、まずは自己の主体性が基盤として確立されてから、その上にはじめて成立すると考えている。自己の主体性の確立のないところでの現実主体（我）の主体性は、苦悩を生み出すばかりである。

IT（それ）

　ホロニカル・アプローチが生まれるプロセスにおいて重要な発見は、さまざまな心的現象のすべてを超越的な全総覧的視座から観察しているような「"それ"としか呼びようのないもの」の存在である。「IT（それ）」とは、古来、神・仏などといわれるものと同類の概念であり、近代以降は、科学の目のようなものになっている。「IT（それ）」と名づけた理由は、神・仏・真理などと名を与えると、途端に言葉を産み出している文化・歴史の影響を排除しきれなくなるからである。

　自己とは、身体的自己である限り命ある有限の存在だが、トランスパーソナル的（超個人的）な霊性的存在でもあり、そのことを「IT（それ）」との出あいの体験を通じて実感・自覚するとホロニカル・アプローチでは考える。「IT（それ）」を感じることができると、孤独な存在ではないことを実感・自覚することが可能となる。「IT（それ）」は、自己と世界の自己組織化における全総覧的統合作用をもち、究極的には、「IT（それ）」の働く根源的な場が「絶対無（空）」であることへの気づきをもたらす。その結果、自己と世界が絶対矛盾的自己同一にあることを実感・自覚できると考えられる。

　観察する主体としての私の意識が強すぎると「IT（それ）」は体感できにくくなり、むしろ無我・無心のときの方が、観察する主体と観察対象の境界が無境界（ホロニカル体験）となって、すべてを包摂するものとしての「IT（それ）」を体験しやすくなるといえる。ホロニカル体験時は、IT＝自己＝世界となり、「見るもの−見られるもの」「観察主体−観察対象」という二元論的対立は超越される。

資料2

家庭訪問によって「また会いたくなる関係」を 創り出すためのチェックリスト

◆ 哲学 ◆

1) 当事者参加による当事者中心の社会包摂的支援計画を何気なく提案している。

2) 当事者には、支援内容に対して疑問や異議を述べる機会を設け、丁寧に耳を傾けている。

3) 治療や働くことなどを条件とすることなく、当事者が継続的支援を受ける権利をさりげなく保障している。

4) 原則週1回に近い訪問支援を実施している。

5) 衣食住などに関する具体的な生活維持のための支援を優先している。

6) 当事者の自己決定や自己選択を尊重している。

7) 当事者や支援者にとっての安全・安心が脅かされていない限り、当事者のトライ・アンド・エラーによる体験学習の機会を保障している。ただし、明らかに生命の維持や生命の安全・安心の確保が脅かされると支援者に予測される選択を当事者が自己決定しようとするときには、当事者の選択と自己決定に伴う尊厳と支援者の支援との間でぎりぎりの折り合いを支援者が取り付けようとする努力を最後までしている。

8) 生きづらさを抱えている人が苛酷な環境の中で、生き延びるために無意識にとってきた生き方の否定的側面や弱点ばかりに問題の原因を帰属させ、その弱みの問題解決ばかり図ろうとするのでなく、生き抜いてきた肯定的側面の強みに焦点を合わせ支持することで、生きづらさを抱え

てきた人の存在への自己肯定感や尊厳の回復を図ることをごく自然に行っている。

9）適切な生き方を身につける機会がない環境を生き抜いてきた当事者に対して、より生きやすい生き方を身につける機会が保障され、しっかりと身につくまで諦めないで継続的な支援をしている。

10）生きづらさを抱える人への支援哲学や支援法が、当事者だけではなく、他の多くの人の人生により生きやすさをもたらすような支援になっている。

11）社会・文化の常識の中に潜む先入観や偏見や常識の見直し作業を絶えずしている。

12）当事者の適切な代弁性の役割を果たしている。

13）偏見を内在化し自己否定感が強く無力感にさいなまれつつも、今日まで生き延びてきている当事者がもっている潜在的能力や耐性力に対して畏敬の念を抱いている。

14）感情をコントロールするための理性ではなく、感情を理解するための理性の働きを尊重している。

15）過去への原因探しばかりに拘泥することなく、未来に希望が開かれてくるような具体的な支援になっている。

◆ 関係性 ◆

16）「親密な他者」「また会いたくなる関係」となり、当事者と支援者が「ほどよい距離」という「限界設定の枠」を維持できている。しかし、「限界設定の枠」を超えた危機においては、支援者一人では抱え込めない現実を自覚し、「絶対見捨てることができない」という気持ちから「限界設定の枠」を今一歩踏み越えて、関係者全員に対してできる限りの助けを求めることができている。

17）当事者及び支援者の関係の多様性（価値・意見）を尊重している。

18）当事者だけではなく、支援者自身も自らが知らず知らずのうちに身につけてしまっている先入観や偏見（スティグマ）に気づき、その適切な

変容を追求していく姿勢が保たれている。

19) 当事者自身が自らの体験を自らの言葉で物語ることができるような支援になっている。当事者の抱える生きづらさという元来誰もが共有可能なテーマを、疾病・障害や心理学の用語ばかりに換言することによって、個人病理化しない。

20) 当事者自身が自らの体験を自らの物語として自らの言葉で語っていく権利と主体性を、専門的知識を含む他律的に意味づけられた物語にすることにより奪っていない。

◆ 運営体制 ◆

21) スタッフのケース検討や研修が義務化され定例化されている。

22) スタッフはチームとして活動している。

23) チームの中にベテランのスタッフがいるが、既存の専門知識や技術にこだわっておらず、むしろ創造的活動をしている。

24) スタッフの休養や適切なメンタルヘルス（共感疲労、燃え尽き、代理受傷への適切な対処）が保障されている。

25)「実践の智慧」を独りよがりなものとせず、量的研究や質的研究によって裏付けていく継続的努力をしている。

26) 守秘義務の遵守と量的研究や質的研究によって裏付けられた「小さなローカルなインパクトのある物語（小さな伝説的な実際の事例の累積から構成された事例）」が構成的物語としてまとめられ、その価値ある物語が社会に向かってしっかりと発信されている。

ホロニカル・スタディ法の手順³

発表と絞り込み（5〜10分）

①事例発表者が「あるケースのどんなことに困っているか、またその困った場面」に関して語る。短く数分以内。

②ファシリテーターは「いろいろある問題の中で、もっとも問題を具体的に表している場面を思い出してみてください。その中で、今日ここで取り上げたいような、映画でいえばある瞬間のコマとなる場面に絞るとしたら、どのようなときになるでしょうか」といったように、事例発表者が、特に取り上げたいインシデント（出来事）のある瞬間への絞り込みを行う。

　発表者が取り上げたい場面をなかなか絞れず、いろいろと語る場合には、「できれば全部一度に解決したいところですが、今日はとりあえず、あなたなりにもっとも取り上げたい場面を何か一つ思い出していただけませんか?」と、場面の視覚的な記憶の想起を促すなどして場面を絞り込んでいく。

情報収集（10〜15分）

③場面の絞り込み（問題にしたい場面の瞬間の明確化）が終わったら、ファシリテーターは参加者に「あとで、自分だったらそのときどうするのかという視点からの対応策を紙に書いてもらいますので、その対応策を考えるために必要となる情報を事例発表者にいろいろと質問してください」と指示する。発表者には、知っていることだけを答えればよいこと、答えに窮するような質問には答えなくてもよいということを伝えておく。場が質問しやすい雰囲気になるために、ファシリテーターも随時質問をしてもよい。

④ファシリテーターは、質問と応答が促進されるにつれ、対象となっているケースのイメージ、発表者の困っている内容（感情レベル・認知レベル）と、生々しい力動的関係性が、参加者全員に共有されるように配慮する。

対応策の記載（5分）

⑤ファシリテーターは「それでは、自分だったらそのときどうするのかの意見を5分以内にこの紙（A5の白紙）に書いてください。実践ではいつも瞬間・瞬間の勝負ですから、あまり考え込まずに思いついたことをさらっと書いてください」「愛情をもって接するといった抽象的表現は避け、『どうしたの？　顔色が悪いよ』と子どもの右側に寄っていって小さく声をかけるといったように具体化してください」「具体的対応策だけ記載すればよいですが、もしその理由や根拠を書きたい人は、対応策のあとに理由を記載してください」「最後に、今日の日付と氏名を記載してください」と、参加者全員に紙を配付しながら対応策の記入を求める。

⑥ファシリテーターは、5分経過したところで紙を回収する。

発表とロールプレイ（15〜20分）

⑦ファシリテーターは回収した対応策の中から1枚抜き取り、その内容を記載した本人自身に読み上げてもらう。このとき、書いていないことを付加したり説明しだしたりした場合は、「すみませんが、まずは書いた通りに読み上げてください」と促す。読み上げたあと、何か付け加えることがあれば求める。その場合、意見の根拠となる考えがあれば語ってもらうが、特に言わなくてもかまわない。

　「毅然と対応する」といった抽象的な一般化された意見だった場合は、「もしこの場面で毅然と接するときには、例えば、○○さん（事例発表者）だったら実際にはどのようにされますか？」と明確化・具体化していく。

⑧ファシリテーターは「それでは実際に、その場面を事例発表者の方にケース役となってもらって、やってみましょう」と、その場にある椅子や机などを場面の再現のための小道具として活用しながら、事例発表者と対応策

発表者の二人に場面を再現してもらう。

　「事例発表者の方は、いま出された対応策に対して、もしその子だったらどのように反応するのか、今までの体験や経験から想像して対応してみてください」「対応策の発表者の方は、読み上げた内容に従って実際にやってみましょう。そしてケース役の人の反応を見て、次の対応を即興的に演じてください」と指示する。

⑨スタート時点の二人の立つ位置などを確認し、二人の呼吸を整えることを指示してから「では、始めてください」と指示する。

⑩やりとりの方向性が決まったあたりで、ファシリテーターは「ありがとうございました」と終了（長くても2～3分以内）を宣言し、対応策発表者の労をねぎらう。

⑪参加者が少人数であれば、全員による発表と場面再現を実施するが、多人数であれば、最低三人以上で時間内にできる人数を選定し実施する。

感想1（5～10分）

⑫ファシリテーターは、参加者の中から具体的な感想や意見を「一人1分以内」で求める。

感想2（2分）

⑬最後に、事例発表者自身に感想を求める。

終了

⑭ファシリテーターは、事例発表者及び参加者に謝辞を述べ終了する。

あとがき

　本書では、ホロニカル・アプローチの本質をわかりやすく伝えるために、子ども虐待事例への実践を取り上げた。社会のあらゆる矛盾を背負った子どもへの心理社会的支援の事例から、内的世界と外的世界を共に扱う統合的アプローチの必要性、さらには具体的な技法について紹介することを試みた。

　対人援助の現場には、無数の心理社会的支援の理論と技法がある。しかし、子ども虐待への支援に有効な理論と技法となると限られていると感じた。なぜなら、子ども虐待という多層多次元にわたる問題には、統合的な視点からの心理社会的支援の理論と技法が必要であるが、そうしたパラダイムは、これまで十分に確立されていなかったのではないかという思いがあったからである。

　ホロニカル・アプローチは、新しい理論であるが、実際にはすでに40年以上の実践と研究の蓄積がある。最前線の現場で試行錯誤されてきた理論と技法であり、実践的には確かな手応えがある。しかし、これまで学術的な論文としては、ほとんど発表されてこなかったため、いろいろな角度からの学問的根拠づけ及び科学的なエビデンスが弱く、筆者らとローカルな交流のある人以外の社会一般の人には、あまり知られていない。今後は、この心理社会的支援の方法をより公共性のあるものにするために、さらなる研究を進めていきたいと考えているが、まずは少しでも多くの人にホロニカル・アプローチのことを知ってもらうために、わかりやすい教科書的な本を書くことにした。そうした思いから生まれたのが本書である。

　ホロニカル・アプローチでもっとも重要なコンセプトの一つは、共同研究的協働関係である。こうした基本姿勢によって、これまでの被支援者－支援者関係、非専門家－専門家関係の変容を図ることで、より適切な支援関係、さらに

は多領域にわたる支援者や研究者とのコラボレーションを促進していきたいと考えている。ホロニカル・アプローチは、異なる学問分野を含めて、さまざまな理論の影響を受けており、心理社会的支援にとどまらず、物理学や哲学などとの相似性を感じているが、筆者らの専門は心理学であり、誤った理解をしている部分もあるかもしれない。そのため、本書の刊行が、ホロニカル・アプローチを世に問い、意見をいただく機会になれば幸いである。今後は、「共同研究的協働関係」を大切にしながら、質的研究及び量的研究によってホロニカル・アプローチの実証的研究を行うとともに、自然科学、哲学、宗教とのホロニカル・アプローチの相似性についても探究していくことで、この理論と技法を学術的に深化させていきたいと考えている。

　最後に、筆者らがこれまでの活動を通して出あったすべての人に感謝の意を表したい。本書の中で紹介した事例やエピソードはすべて複数の事例を組み合わせた架空の創作事例ではあるが、そのエッセンスは筆者らの実体験に基づいている。これまでの自身の実践を振り返りながら本書を執筆する中で、実際に出あったさまざまな人との思い出が頭の中に浮かんできた。本書で説明した理論や技法のほとんどは、こうしたみなさんとの出あいによって創発されたものと言っても過言ではない。また、明石書店の深澤孝之さんには、企画の段階から何度も相談に乗ってもらい、本書の出版のために尽力いただいた。編集を担当していただいた吉澤あきさんには、筆者らの思いがあふれて筆が走りすぎることで読み手の視点が失われがちなところに、緻密かつ的確な指摘をいただいた。心理相談室こころのチーフカウンセラーの定森露子さんには、原稿に何度も目を通していただき、校正にも力添えいただいた。

　このように多くの人との共創により生まれたのが本書である。この場を借りて、みなさんに感謝申し上げたい。本当にありがとうございました。

2022 年 2 月

千賀則史・定森恭司

引用・参考文献

● 第 1 章

1 定森恭司編（2005）『教師とカウンセラーのための学校心理臨床講座』昭和堂 pp. 183-186. の事例を改変

2 定森恭司（2015）『ホロニカル・セラピー —— 内的世界と外的世界を共に扱う統合的アプローチ』遠見書房 p. 15.

3 同上 p. 16.

4 定森恭司・定森露子（2019）『ホロニカル・アプローチ —— 統合的アプローチによる心理・社会的支援』遠見書房 p. 3.

5 同上 p. 3.

6 Wilber, K.（1982）*The Holographic Paradigm and Other Paradoxes: Exploring the Leading Edge of Science*. Boulder: Shambhala.（井上忠他訳（1984）『空像としての世界 —— ホログラフィをパラダイムとして』青土社）

7 Koestler, A.（1978）*Janus: A Summing Up*. New York: Random House.（田中三彦・吉岡佳子訳（1983）『ホロン革命』工作舎）

8 定森恭司（2015）『ホロニカル・セラピー —— 内的世界と外的世界を共に扱う統合的アプローチ』遠見書房 p. 27.

9 定森恭司・定森露子（2019）『ホロニカル・アプローチ —— 統合的アプローチによる心理・社会的支援』遠見書房 pp. 46-47.

10 同上 pp. 4-5.

11 同上「第 7 章　ホロニカル・アプローチの主な技法」pp. 68-104.

12 同上 p. 68.

13 定森恭司（2021）「当事者中心の支援としてのホロニカル・アプローチ」『ホロニカル・マガジン』（2021 年 12 月 15 日配信）

14 定森恭司（2021）「多様な対応の必要性」『ホロニカル・マガジン』（2021 年 12 月 15 日配信）

● 第 2 章

1 定森恭司・定森露子（2019）『ホロニカル・アプローチ —— 統合的アプローチによる心理・社会的支援』遠見書房 pp. 3-4.

2 同上 pp. 50-51.

3 同上 p. 18.

4 同上 p. 30.

5 定森恭司（2020）「瞬間・瞬間」『ホロニカル・マガジン』（2020 年 7 月 1 日配信）

6 定森恭司（2020）「『場所的自己』について」『統合的アプローチ研究』1, pp. 6-23.

7 定森恭司（2015）『ホロニカル・セラピー —— 内的世界と外的世界を共に扱う統合的アプローチ』遠見書房 pp. 184-185.

8 千賀則史・定森恭司（2021）「ホロニカル・アプローチの ABC モデルによる心理社会的支援 —— 統合的アプローチの代表的技法としての三点法」『同朋福祉』28, pp. 159-175.

9 定森恭司・定森露子（2019）『ホロニカル・アプローチ —— 統合的アプローチによる心理・社会的支援』遠見書房 p. 62.

10 同上 p. 45.

11 千賀則史・定森恭司（2021）「ホロニカル・アプローチの ABC モデルによる心理社会的支援 —— 統合的アプローチの代表的技法としての三点法」『同朋福祉』28, pp. 159-175.

12 定森恭司・定森露子（2019）『ホロニカル・アプローチ —— 統合的アプローチによる心理・社会的支援』遠見書房 p. 37.

13 同上 pp. 37-38.

14 定森恭司・千賀則史（2021）「ホロニカル・アプローチにおける ABC モデルの発展」『統合的アプローチ研究』2, pp. 53-72. を改変

15 千賀則史・定森恭司（2021）「ホロニカル・アプローチの ABC モデルによる心理社会的支援 —— 統合的アプローチの代表的技法としての三点法」『同朋福祉』28, pp. 159-175.

16 Wegner, D. M., Schneider, D. J., Carter 3rd, S. R., & White, T. L.（1987）Paradoxical effects of thought suppression. *Journal of Personality and Social Psychology*, 53(1), pp. 5-13.

17 Ogden, P., Minton, K., & Pain, C.（2006）*Trauma and the Body: A Sensorimotor Approach to Psychotherapy*. New York: W. W. Norton & Company.（日本ハコミ研究所訳（2012）『トラウマと身体 —— センサリーモーター・サイコセラピー（SP）

の理論と実践　マインドフルネスにもとづくトラウマセラピー』星和書店）

18 Shapiro, F.（1995）*Eye Movement Desensitization and Reprocessing: Basic Principles, Protocols and Procedures*. New York: Guilford Press.（市井雅哉監訳（2004）『EMDR──外傷記憶を処理する心理療法』二瓶社）

19 定森恭司（2015）『ホロニカル・セラピー──内的世界と外的世界を共に扱う統合的アプローチ』遠見書房 pp. 66-69.

20 千賀則史・定森恭司（2021）「ホロニカル・アプローチの ABC モデルによる心理社会的支援──統合的アプローチの代表的技法としての三点法」『同朋福祉』28, pp. 159-175.

● 第 3 章

1 定森恭司・定森露子（2019）『ホロニカル・アプローチ──統合的アプローチによる心理・社会的支援』遠見書房 pp. 82-84. の事例を改変

2 定森恭司（2015）『ホロニカル・セラピー──内的世界と外的世界を共に扱う統合的アプローチ』遠見書房 pp. 192-193.

3 定森恭司・定森露子（2019）『ホロニカル・アプローチ──統合的アプローチによる心理・社会的支援』遠見書房 pp. 32-33.

4 同上 p. 34.

5 同上 pp. 33-34.

6 定森恭司（2015）『ホロニカル・セラピー──内的世界と外的世界を共に扱う統合的アプローチ』遠見書房 pp. 194-195.

7 同上 pp. 88-89.

8 定森恭司・定森露子（2019）『ホロニカル・アプローチ──統合的アプローチによる心理・社会的支援』遠見書房 p. 51.

9 千賀則史・定森恭司（2021）「ホロニカル・アプローチの ABC モデルによる心理社会的支援──統合的アプローチの代表的技法としての三点法」『同朋福祉』28, pp. 159-175.

10 定森恭司編（2005）『教師とカウンセラーのための学校心理臨床講座』昭和堂 pp. 19-20.

● 第 4 章

1 定森恭司（2015）『ホロニカル・セラピー──内的世界と外的世界を共に扱う統合的アプローチ』遠見書房 pp. 112-114. の事例を改変

2　定森恭司・定森露子（2019）『ホロニカル・アプローチ —— 統合的アプローチによる心理・社会的支援』遠見書房 pp. 56-59.

3　定森恭司（2021）「自己意識の発達（専門家向け）」『ホロニカル・マガジン』（2021年4月8日配信）

4　定森恭司（2015）『ホロニカル・セラピー —— 内的世界と外的世界を共に扱う統合的アプローチ』遠見書房 pp. 62-73.

5　定森恭司・定森露子（2019）『ホロニカル・アプローチ —— 統合的アプローチによる心理・社会的支援』遠見書房 pp. 52-54.

6　同上 p. 54.

7　同上 p. 54.

8　定森恭司（2015）『ホロニカル・セラピー —— 内的世界と外的世界を共に扱う統合的アプローチ』遠見書房 pp. 109-112.

9　定森恭司・定森露子（2019）『ホロニカル・アプローチ統合的アプローチによる心理・社会的支援』遠見書房 pp. 10-12.

● 第5章

1　千賀則史（2017）『子ども虐待　家族再統合に向けた心理的支援 —— 児童相談所の現場実践からのモデル構築』明石書店 pp. 33-40.

2　同上

3　定森恭司・定森露子（2019）『ホロニカル・アプローチ —— 統合的アプローチによる心理・社会的支援』遠見書房 pp. 18-21.

4　同上 p. 30.

5　同上 pp. 30-31.

6　同上 p. 31.

7　定森恭司（2020）「生きることにぎりぎりの人から学ぶ」『ホロニカル・マガジン』（2020年10月1日配信）

8　定森恭司・定森露子（2019）『ホロニカル・アプローチ —— 統合的アプローチによる心理・社会的支援』遠見書房 p. 31.

9　同上 pp. 31-32.

10　同上 p. 32.

● 第6章

1　定森恭司・定森露子（2019）『ホロニカル・アプローチ —— 統合的アプローチによ

る心理・社会的支援』遠見書房 pp. 36-37. の事例を改変

2 千賀則史・定森恭司(2020)「家庭訪問によって『また会いたくなる関係』を創り
出すためのチェックリスト —— 適切な『場』を当事者と共に創り出す秘訣」『統合
的アプローチ研究』1, pp. 40-48.

3 稲葉剛・小川芳範・森川すいめい編(2018)『ハウジングファースト —— 住まいか
らはじまる支援の可能性』山吹書店 pp. 63-66.

4 千賀則史・定森恭司(2020)「家庭訪問によって『また会いたくなる関係』を創り
出すためのチェックリスト —— 適切な『場』を当事者と共に創り出す秘訣」『統合
的アプローチ研究』1, pp. 40-48.

5 定森恭司(2015)『ホロニカル・セラピー —— 内的世界と外的世界を共に扱う統合
的アプローチ』遠見書房 pp. 204-206.

6 帚木蓬生(2017)『ネガティブ・ケイパビリティ —— 答えの出ない事態に耐える力』
朝日新聞出版

7 定森恭司(2015)『ホロニカル・セラピー —— 内的世界と外的世界を共に扱う統合
的アプローチ』遠見書房 pp. 204-206.

8 定森恭司(2020)「共同研究的協働関係(本当の気持ちって?)」『ホロニカル・マ
ガジン』(2020 年 4 月 8 日配信)

● 第 7 章

1 千賀則史(2016)「子どもの福祉領域における心理的支援の多様性と可能性 —— 児
童相談所と児童福祉施設の心理臨床」『名古屋大学大学院教育発達科学研究科紀要』
63, pp. 21-33.

2 厚生労働省(2020)『児童養護施設入所児童等調査の概要(平成 30 年 2 月 1 日現
在)』

3 Trieschman, A. E., Whittaker, J. K., & Brendtro, L. K.(1969)*The Other 23 Hours:
Child-Care Worker with Emotionally Disturbed Children in a Therapeutic Milieu.*
New York: Aldine.(西澤哲訳(1992)『生活の中の治療 —— 子どもと暮らすチャイ
ルド・ケアワーカーのために』中央法規出版)

4 厚生労働省(2012)『情緒障害児短期治療施設運営指針』

5 厚生労働省(2012)『児童自立支援施設運営指針』

6 髙田治(2008)「児童福祉施設はネットワークづくりで決まる」中釜洋子・髙田治・
齋藤憲司『心理援助のネットワークづくり ——〈関係系〉の心理臨床』東京大学出
版会 pp. 75-156.

7　村瀬嘉代子（2001）「児童虐待への臨床心理学的援助 —— 個別的にして多面的アプローチ」『臨床心理学』1(6), pp. 711-717.

8　定森恭司（2020）「2.5 者関係」『ホロニカル・マガジン』（2020 年 5 月 15 日配信）

9　定森恭司（2021）「2 項関係と 3 項関係」『ホロニカル・マガジン』（2021 年 3 月 8 日配信）

10　同上

11　定森恭司（2015）『ホロニカル・セラピー —— 内的世界と外的世界を共に扱う統合的アプローチ』遠見書房 pp. 167-183.

12　同上 pp. 198-200.

13　同上 pp. 202-203.

● 第 8 章

1　千賀則史（2017）『子ども虐待　家族再統合に向けた心理的支援 —— 児童相談所の現場実践からのモデル構築』明石書店 pp. 157-175. の事例を改変

2　同上　pp. 33-61.

3　定森恭司（2015）『ホロニカル・セラピー —— 内的世界と外的世界を共に扱う統合的アプローチ』遠見書房 pp. 91-92.

4　ウェルド，N.・パーカー，S.・井上直美編（2015）『「三つの家」を活用した子ども虐待のアセスメントとプランニング』明石書店

5　定森恭司・定森露子（2019）『ホロニカル・アプローチ —— 統合的アプローチによる心理・社会的支援』遠見書房 pp. 84-85.

6　De Jong, P. & Berg, I. K.（2013）*Interviewing for Solutions, 4th edition.* Belmont, CA: Thomson.（桐田弘江・住谷祐子・玉真慎子訳（2016）『解決のための面接技法 —— ソリューション・フォーカストアプローチの手引き　第 4 版』金剛出版）

7　Shapiro, F.（1995）*Eye Movement Desensitization and Reprocessing: Basic Principles, Protocols and Procedures.* New York: Guilford Press.（市井雅哉監訳（2004）『EMDR —— 外傷記憶を処理する心理療法』二瓶社）

8　定森恭司（2020）「例外への焦点化」『ホロニカル・マガジン』（2020 年 12 月 15 日配信）

9　定森恭司（2021）「ネットワーキング」『ホロニカル・マガジン』（2021 年 1 月 22 日配信）

10　Seikkula, J. & Arnkil, T. E.（2006）*Dialogical Meetings in Social Networks.* London: Karnac Books.（高木俊介・岡田愛訳（2016）『オープンダイアローグ』日本評論社）

11 定森恭司（2015）『ホロニカル・セラピー —— 内的世界と外的世界を共に扱う統合的アプローチ』遠見書房 pp. 200-202.

12 定森恭司（2021）「治そうとするのか、変わろうとするのか、変わらなくていいのか」『ホロニカル・マガジン』（2021 年 8 月 15 日配信）

13 定森恭司・定森露子（2019）『ホロニカル・アプローチ —— 統合的アプローチによる心理・社会的支援』遠見書房 pp. 5-6.

● 第 9 章

1 千賀則史・定森恭司（2022）「ホロニカル・アプローチによるスーパービジョン —— ホロニカル・スタディ法による共創型事例研究の実践」『同朋福祉』29, pp. 151-167.

2 同上

3 同上

4 定森露子（2005）「学校心理臨床の研修のあり方」定森恭司編『教師とカウンセラーのための学校心理臨床講座』昭和堂 pp. 153-167.

5 千賀則史・定森恭司（2022）「ホロニカル・アプローチによるスーパービジョン —— ホロニカル・スタディ法による共創型事例研究の実践」『同朋福祉』29, pp. 151-167.

● 資料編

1 定森恭司・定森露子（2019）『ホロニカル・アプローチ —— 統合的アプローチによる心理・社会的支援』遠見書房 pp. 40-43.

2 千賀則史・定森恭司（2020）「家庭訪問によって『また会いたくなる関係』を創り出すためのチェックリスト —— 適切な『場』を当事者と共に創り出す秘訣」『統合的アプローチ研究』1, pp. 40-48 を改変

3 定森恭司編（2005）『教師とカウンセラーのための学校心理臨床講座』昭和堂 pp. 228-230. を改変

索　引

❖ 著者紹介

千賀則史（せんが・のりふみ）

同朋大学社会福祉学部准教授。1981年生まれ。早稲田大学人間科学部卒業。放送大学大学院文化科学研究科（臨床心理学プログラム）修士課程修了。名古屋大学大学院教育発達科学研究科博士後期課程修了。博士（心理学）。臨床心理士。公認心理師。

大学卒業後、愛知県に心理職として入庁し、児童相談所、一時保護所、児童自立支援施設で、虐待、非行、不登校、障害などの心理社会的支援に従事する。その後、名古屋大学ハラスメント相談センター准教授などを経て、2020年4月より現職。対人援助職のための「統合的アプローチ研究会」代表。

〈主な著書〉

『子ども虐待　家族再統合に向けた心理的支援 —— 児童相談所の現場実践からのモデル構築』（2017年、明石書店）、『家族支援・自立支援・地域支援と当事者参画』〈シリーズ みんなで育てる家庭養護（里親・ファミリーホーム・養子縁組）5〉（編著、2021年、明石書店）、など多数。

定森恭司（さだもり・きょうじ）

心理相談室こころ室長。1953年生まれ。早稲田大学教育学部教育学科卒業。臨床心理士。

大学卒業後、民間企業を経て、愛知県に心理職として入庁し、児童相談所で不登校や非行、虐待、心身障害に悩む子ども及び家族への相談・支援に従事する。その後、職業サービスセンターを経て愛知県を退職し、1995年に心理相談室こころを開設。現在は、統合的アプローチの立場から心理相談に応じるとともに、対人援助の専門家に対するスーパービジョンや教育的自己分析を行っている。

〈主な著書〉

『ホロニカル・セラピー —— 内的世界と外的世界を共に扱う統合的アプローチ』（2015年、遠見書房）、『ホロニカル・アプローチ —— 統合的アプローチによる心理・社会的支援』（共著、2019年、遠見書房）、など多数。

子ども虐待事例から学ぶ統合的アプローチ
ホロニカル・アプローチによる心理社会的支援

2022 年 4 月 10 日　初版第 1 刷発行

著　者　　千賀則史・定森恭司
発行者　　大江道雅
発行所　　株式会社明石書店
　　　　〒 101-0021　東京都千代田区外神田 6-9-5
　　　　　　　　　　電　話　03（5818）1171
　　　　　　　　　　ＦＡＸ　03（5818）1174
　　　　　　　　　　振　替　00100-7-24505
　　　　　　　　　　http://www.akashi.co.jp
装　丁　　明石書店デザイン室
印刷・製本　　モリモト印刷株式会社

（定価はカバーに表示してあります）　　　　　ISBN978-4-7503-5394-4

子どもアドボカシーと当事者参画のモヤモヤとこれから
子どもの「声」を大切にする社会ってどんなこと？
栄留里美、長瀬正子、永野咲著
◎2200円

子どもアドボケイト養成講座
子どもの声を聴く権利を守るために
堀正嗣著
◎2200円

児童虐待対応と「子どもの意見表明権」
一時保護所での子どもの人権を保障する取り組み
小野善郎、藥師寺真編著
◎2500円

子ども家庭の理解と支援
要保護児童対策地域協議会における
民生委員・児童委員、自治体職員のみなさんに伝えたいこと
川畑隆著
◎2200円

必携 市区町村子ども家庭総合支援拠点スタートアップマニュアル
鈴木秀洋著
◎2200円

子どもの精神科入院治療
子どもを養育するすべての人へ
金井剛、中西大介著
◎2400円

発達とレジリエンス
暮らしに宿る魔法の力
アン・マステン著 上山眞知子、J・F・モリス訳
◎3600円

福祉心理学
〈日本福祉心理学会研修テキスト〉
基礎から現場における支援まで
日本福祉心理学会監修
米川和雄編集代表 大迫秀樹、富樫ひとみ編集
◎2600円

すき間の子ども、すき間の支援
一人ひとりの「語り」と経験の可視化
村上靖彦編著
◎2400円

はじめてのSNS相談
DV・性暴力被害者を支えるための社会的包摂サポートセンター編
◎1800円

子どもの性的問題行動に対する治療介入
保護者と取り組むバウンダリー・プロジェクトによる支援の実際
エリアナ・ギル、ジェニファー・ショウ著
高岸幸弘監訳 井出智博、上村宏樹訳
◎2700円

心理教育教材「キックスタート,トラウマを理解する」活用ガイド
問題行動のある知的・発達障害児者を支援する
本多隆司、伊庭千惠著
◎2000円

ワークで学ぶ 子ども家庭支援の包括的アセスメント
要保護・要支援・社会的養護児童の適切な支援のために
増沢高著
◎2400円

学校という場の可能性を追究する11の物語
学校学のことはじめ
金澤ますみ、長瀬正子、山中徹二編著
◎2200円

「チーム学校」を実現するスクールソーシャルワーク
理論と実践をつなぐメゾ・アプローチの展開
大塚美和子、西野緑、峯本耕治編著
◎2200円

スクールソーシャルワーク ハンドブック
実践・政策・研究
キャロル・リッペイ・マサット、マイケル・S・ケリー、ロバート・コンスタブル編著 山野則子監修
◎20000円

〈価格は本体価格です〉

子ども虐待 家族再統合に向けた心理的支援

児童相談所の現場実践からのモデル構築

千賀則史 著

■A5判／上製／228頁　◎3700円

子どもの安心・安全を確保しながら、家族再統合に向けた子ども・家族・援助者の関係性をいかに構築するのか。本書は、こうした現場の課題に対して、心理職の立場から何ができるのかを問い、新たな心理的支援の可能性をさぐる意欲作である。

●内容構成●

序　章　子ども虐待対応における心理的支援の多様性と可能性
第1章　家族再統合に向けた心理的支援の現状と課題
第2章　現場からの研究をどう行うか
第3章　介入的な文脈における相談関係作り
第4章　身体的虐待を行った保護者への教育プログラムの実践
第5章　虐待を認めないケースに対する児童相談所の援助プロセス
第6章　性的虐待疑いで一時保護された子どもへの心理的支援
第7章　家族応援会議を活用した地域でのネットワーク支援
第8章　家族再統合に向けた協働的支援モデルの構築
終　章　家族再統合に向けた心理的支援のあり方

社会的養護の子どもと措置変更

養育の質とパーマネンシー保障から考える

伊藤嘉余子編著

◎2600円

「三つの家」を活用した子ども虐待のアセスメントとプランニング

ニキ・ウェルド、ソニア・パーカー、井上直美編著

◎2800円

子ども虐待対応におけるサインズ・オブ・セーフティ・アプローチ実践ガイド

子どもの安全(セーフティ)を家族とつくる道すじ

菱川愛、渡邉直、鈴木浩之編著

◎2800円

子ども虐待対応における保護者との協働関係の構築

家族と支援者へのインタビューから学ぶ実践モデル

鈴木浩之著

◎4600円

子ども虐待 保護から早期支援への転換

児童家庭ソーシャルワーカーの質的向上をめざして

アイリーン・ムンロー著　増沢高監訳　小川紫保子訳

◎2800円

児童福祉司研修テキスト

児童相談所職員向け

金子恵美編集代表　佐竹要平、安部計彦、藤岡孝志、増沢高、宮島清編

◎2500円

要保護児童対策調整機関専門職研修テキスト

基礎自治体職員向け

金子恵美編集代表　佐竹要平、安部計彦、藤岡孝志、増沢高、宮島清編

◎2500円

子どもの虐待防止・法的実務マニュアル[第7版]

日本弁護士連合会子どもの権利委員会編

◎3200円

〈価格は本体価格です〉

シリーズ

みんなで育てる家庭養護

里親・ファミリーホーム・養子縁組

相澤仁 [編集代表]

これまでの子どものケアワーク中心の個人的養育から、親子の関係調整など多職種・多機関との連携によるソーシャルワーク実践への転換をはかる、里親・ファミリーホームとそれを支援する関係機関に向けた、画期的かつ総合的な研修テキスト。

◎B5判／並製／◎各巻 2,600円

① **家庭養護のしくみと権利擁護**
澁谷昌史、伊藤嘉余子[編]

② **ネットワークによるフォスタリング**
渡邊守、長田淳子[編]

③ **アセスメントと養育・家庭復帰プランニング**
酒井厚、舟橋敬一[編]

④ **中途からの養育・支援の実際**
──子どもの行動の理解と対応
上鹿渡和宏、御園生直美[編]

⑤ **家庭支援・自立支援・地域支援と当事者参画**
千賀則史、野口啓示[編]

〈価格は本体価格です〉